岩 波 文 庫

33-261-1

ガンディー

獄中からの手紙

森本達雄訳

岩波書店

M. K. Gandhi

FROM YERAVDA MANDIR

Ashram Observances

1933

凡例

一、本書は M. K. Gandhi: *From Yeravda Mandir: Ashram Observanances*, 3rd Revised Edition (The Selected Works, of Mahatma Gandhi, vol. 4: The Basic Works, Navajivan, Ahmedabad 所収)の全訳である。なお、翻訳にさいしては、一般に『ガンディー全集』と呼ばれている The Collected Works of Mahatma Gandhi, vol. 44, The Publications Division, Ministry of Information and Broadcasting, Government of India, 1971 に執筆年月日順に収録された原書簡を参照し、ナヴァジーヴァン版に割愛された文と語句を［　］に入れ、本文と同じ大きさの活字で補足した。

二、本文中の（　）は、原文における補足であり、〔　〕は訳者による補いである。

三、『ウパニシャッド』『バガヴァッド・ギーター』など、書名や文献には『　』を用いたが、書名が、たとえばウパニシャッド哲学やギーター思想など、一般名詞として使用されているときは、『　』は使用しなかった。

四、訳註は、本文中の語に(1)(2)……と追番号を付し、各章末にまとめた。訳註の作成にあたっては、インドの哲学・宗教・文学や、ガンディーの生涯の諸事象に不案内な読者に、本文理解の一助に資するよう配慮したが、簡単な註や説明は本文中の〔　〕内に小さい活字で挿入した。これは、読者にいちいち章末ページを開いていただく手間をはぶくためである。

五、人名・地名などは、原音に近づけるために、あえて日本人になじまない無理な表記を避けた。たとえば、「ガーンディー」とせず、「ガンディー」としたのはそのためである。

目次

凡例

ガンディー

獄中からの手紙

序　文

一九三〇年にヤラヴァダー中央刑務所に収監されていたとき、わたしは毎週サッティヤーグラハ・アーシュラム(ashram〔修道場〕)に宛てて手紙を書いたが、それらの手紙で、わたしはアーシュラムの主要な戒律を一通りざっと検討することにした。アーシュラムの影響力はすでにその地理的境界を越えて〔全国的に〕ひろがっていたので、手紙の写しが何枚も作られ配付された。手紙はグジャラート語で書かれていたが、ヒンディー語ならびに他のインドの地方語と英語にも翻訳することが求められた。シュリー・ヴァルジー・デサーイ〔「シュリー」は英語の「ミスター」に相当する敬称〕が実に完全な英語訳をしてくれた。ところが、再度の獄中生活中にわたしが比較的時間のゆとりがあるのを見て、彼はわたしのもとに翻訳を送ってよこし、校閲を求めた。わたしは注意深く訳文に目を通し、わたしの言わんとするところを、いっそう自分の好みの表現に合わせるべく、何か所か手を入れて仕上げをした。言わずもがなのことであるが、もしわたしが英語の読者のために新たに書きなおすとすれば、たぶん、まったく新しいものを書くことになるだろう。しかし、それはわたしの任ではないだろう。また〔この英語訳をとおして〕英語の読者にも、しかも一九三〇年の時点でのわたしの考えをアーシュラムの同志に語ったままに提供できるのはむしろありがたいことである。そのような次第でわたしは当初の議論を勝手に書き変えるようなことはしなかった。

一九三二年三月六日
ヤラヴァダー中央刑務所
M・K・ガンディー

一　真理

サッティヤーグラハ・アーシュラムの存在そのものが、真理の探究と、それを行《ぎょう》じる実践を義務《つとめ》とするのですから、わたしは初めに、真理について論じることにします。(1)

「サッティヤー(satya〔真理〕)」という語は、実在を意味する「サット(Sat)」という語に由来します。［サッティヤーは存在している状態を意味します。］真理のほかには、実際にはなにひとつ存在しない〔在るのは真理だけです〕。ですから「サット」とか「サッティヤー」は、たぶん、神を表わすもっとも重要な〔正確な〕名称といえましょう。実際、「神は真理なり」と言うよりも、「真理は神なり」と言ったほうが、より的確です。ところがわたしたちは、統率者や将軍なしにやっていけない、それと同じ意味合いで、「王のなかの王」とか「全能者」といったような神の呼称が一般に用いられておりますし、今後も用いられることでしょう。しかし、深く考えれば、「サット」または「サッティヤー」は、神を表わす唯一の、正確かつ完全な意味の呼称であることがわかるでしょう。

つぎに、真理のあるところにはまた、真の知識《まこと》(意識)があります。言いかえれば、真理のないところには、真知はありえません。ですから、「チット(Chit)」すなわち知は、神の名と一体のものです。また、真知のあるところには、つねに「アーナンダ(Ananda〔歓び〕)」があり、そこには悲しみの入りこむ余地はありません。そして、真理は永遠ですから、そこから汲み出される歓喜も永遠です。こうしてわたしたちは、神を「サット=チット=アーナンダ(Sat-chit-ananda)」、すなわち「真理=知=歓喜〔インド哲学書では一般に「実在=意識=歓喜」と訳されている〕」の三位を一体化したものとして認識するのです。

この真理への献身が、わたしたちの存在を正当化する唯一の拠りどころです。わたしたちの一挙手一投足は、真理をめぐっておこなわれなければなりません。わたしたちの生命の息吹きそのものでなければなりません。人生の巡礼の旅路において、ひとたびこの段階に到達すれば、正しい生き方にかんする他のいっさいの規範は労せずして見出せるでしょうし、本能的ともいえるような自然さで、それらの規範に従っていけるでしょう。しかし真理をぬきにして、生のいかなる原理にも規範にも従うことはできません。

一般的には、真理の法《のり》を守るということは、真実を語らなければならないという、ただそれだけのことのように考えられています。しかしながら、このアーシュラムでは、わたしたちは「サッティヤー」すなわち「真理」という語を、もっと広い意味で考えなければなりません。思念にも、言葉にも、行為にも、すべてに真理がやどっていなければなりません。真理を完全に体得した人には、もはや、なにひとつ他に学ぶべきことはありません。なぜなら[すでに見たように]、すべての知識は必然的に真理のなかに包摂されているからです。そこに含まれないものは真理ではなく、したがって真知でもありません。さらに、真知のないところには、真《まこと》の歓び[内面の平安]はありえません。ひとたびわたしたちが、けっして誤ることのない真理の、この試金石を用いることを学んだなら、何をなし、何を見、何を読むべきか、価値あるものを即座に見きわめることができることでしょう。

ところで、賢者の石〔卑金属を金・銀に変える力があると信じられ、錬金術師たちが求めた霊石〕や果報の牛〔神話の聖仙ヴァシシュタが所有していたという、すべての願いをかなえてくれる牝牛「如意牛」〕などにたとえられる、この得がたい真理を悟るには、どうすればよいでしょうか。それは一途《いちず》なる信仰《アビヤーサー》(abhyasa)と、人生の他のいっさいの利益への無関心《ヴァイラーギャ》(vairagya)によって得られると、『バガヴァッド・ギーター』は説いています。(2) とはいえ、そのように一途《いちず》な信仰をいだいていても、ある人にとって真実と思われることが、他の人にとって虚偽に見えることがしばしばあります。しかし求道者は、そのことをよくよ思い悩む必要はありません。真摯な努力を重ねていけば、一見異なる真実に見えるものが、結局は、同じ樹に繁茂する見かけの違った無数の木の葉のようなものであることがわかるでしょう。神ご自身が、人それぞれに、それぞれ違ったお相《すがた》で現われるのではないでしょうか。それでもなおわたしたちは、神は一つであることを知っています。そこで、真理が神の正しい呼称となるのです。それゆえに、各人がそれぞれ自分の光にしたがって真理を求めるのは、すこしも間違ったことではありません。事実、そうすることが各人の義務《つとめ》です。このばあい、真理の探究者に誤りがあったとしても、それはおのずから是正されることでしょう。真理の探究には、タパス(tapas[tapascharya]〔苦行〕)が――ときには死に至るほどの苦行が伴います。そこには私利私欲など、影ほども入りこむ余地はありません。このような私心なき真理の探究にあっては、なんぴとも、いつまでも方向を見失ってはいられません。道を踏み迷っても、すぐにつまずいて、正道に立ちかえります。したがって、真理の探究は、まことのバクティ(3)(bhakti)、信愛です。〔このようにバクティは、世に言う「人が自分の生命《いのち》を賭けるに値する取り引き」です。〕

それは神に至る道です。そこには、臆病や敗北の入る余地はありません。信愛は、死そのものが永遠の生命の門となる護符（通行手形）です。

［ところで、ここでわたしたちは話題をアヒンサー（ahimsa〔愛〕）に進めなければなりませんが、それについては、また来週お話しします。］

このことに関連して、ハリシュチャンドラ、プラフラーダ、ラーマチャンドラ、イマーム・ハサン、イマーム・フサイン(4)や、キリスト教の聖者たちの生涯と実例について思いをめぐらすのがよいでしょう。老若男女を問わず、わたしたちみんなが、働くときも、飲み食いするときも、遊ぶときも、肉体の消滅によって真理と一つになるときまで、完全に真理にわが身を献《ささ》げるならば、それはどんなに美しいことでしょう(5)。〔ともあれ〕真理としての神は、わたしにとってはこの上なく貴重な宝でした。願わくは、神がわたしたちひとりひとりにとって、そのような貴宝でありますように。

バープーからの祝福を

一九三〇年七月二十二日

朝の祈りのあとで

(1) アーシュラムの朝夕の祈禱集会の唱和は、「アヒンサー〔愛〕」で始まり「サッティヤー〔真理〕」の順でおこなわれる(巻末「解説」参照)。

(2) abhyasa の原義は、「反復・実行・修行・習慣」などの意、vairagya は「世間的な事物にたいする無関心」すなわち「離欲」の意で、『バガヴァッド・ギーター』第六章(三五)に、「勇士よ、確かに意《こころ》は動揺し、抑制され難い。しかし、それは常修と離欲とによって把捉される」(岩波文庫、上村勝彦訳――以下、同書からの引用は、上村訳による)とある。

(3) バクティ〔bhakti〕は、最高神にたいする一途な信仰と献身的な愛で、一般に「信愛」と訳されている。

(4) ハリシュチャンドラは、インド神話に登場する王で、「王国も、富も、妻子も、最後には己自身までも」犠牲に献げて試練に耐えた、不屈の信仰の人として知られる。
プラフラーダは、魔王の子として生まれながら、ヴィシュヌ神の熱烈な信者となったため、激怒した父は息子を殺すことを命じるが、悪魔の武器も、毒蛇も、野象も、火も、いっさいの策謀も彼の信仰には勝てなかった。プラフラーダ物語は、今日なお、「いかなる苦難、迫害にも屈せず己の信仰を守りとおした信徒伝説の典型」として、ヒンドゥー教徒に愛誦されている。

ラーマチャンドラは、インド古代の二大叙事詩の一つ「ラーマーヤナ」の主人公ラーマのこと。悪魔を退治するため、コーサラ国の王子として生まれたヴィシュヌ神の化身で、武芸に秀で、学徳篤く、武人・夫・子としてインド人の理想的人格として、ひろく民衆に敬愛されている。

イマーム・ハサン、イマーム・フサインは、ともに、イスラーム教シーア派のイマーム〔教長〕として信徒の尊敬を集めている。ことに弟フサインは、マホメット一族こそカリフ〔教主〕の正統後継者であると主張して、ウマイヤ朝の軍勢と戦って殉死したため、今日も彼の死のムハッラム月〔一月〕には受難祭が催され、信者はその死をいたみ、苦難をしのぶ。

なおここで、神話の登場人物と歴史上の人物とが同列にあつかわれているのは興味深い。実際ヒンドゥー教徒にとっては、神話はある意味では、歴史的事実と同じ現実性をもって生きているためであろう。

(5)　ヒンドゥーの伝統思想によると、人間のうちなる霊魂〔アートマン〕は、肉体の死にともない、果てしなく輪廻転生を繰り返すが、最終的にブラフマン〔真理・梵〕を悟り、これと一つになるとき、「解脱」に至るという。したがってここに言う「肉体の消滅によって真理と一つになるとき」は、霊魂が肉体の生死＝輪廻転生の絆を離れて、解脱に至るとき、の意であろう。

なお『ガンディー全集』〔以下、『全集版』とする〕では、「……遊ぶときも」以下の文は、つぎのとおりである――　「また安らかな眠りをいただくときも、来週まで四六時中、こうした想いに精神《こころ》を集めて瞑想するならば、それはどんなにか美しいことでしょう。」

二　アヒンサー＝愛（1）

先週わたしたちは、真理の道は真っ直ぐであるとともに、いかに狭く険しいかということを考えました。アヒンサー（ahimsa〔愛〕）の道もまた、然《しか》りです。それは剣の刃渡りをするのに似ています。軽業師は、精神を集中することで綱渡りをすることができます。けれども、真理とアヒンサーの道を進むためには、いっそう大きな集中力が要求されます。心にごくわずかな隙があっても、たちまち地上に転落してしまいます。不断の精進努力によってのみ、真理とアヒンサーを体得できるのです。

とはいっても、わたしたちが死すべき肉体に閉じこめられているかぎりは、全《まった》き真理を悟ることはできません。わたしたちはただそれを、心像《こころ》に思い描くことができるだけです。この空蟬《うつせみ》の肉体をとおして、永遠なる真理にまみえることはかないません。それゆえに、最後の手段《てだて》として、どうしても信仰にたよらざるをえません。

死すべきこの肉体のうちに真理を完全に実現することが不可能だとわかったとき、

古《いにしえ》のある真理の探究者はアヒンサーの真価に気づいたものと思われます。彼が直面した問題は「わたしに苦難をもたらす者たちを恕《ゆる》すべきか、それとも打ちのめすべきか」ということでした。他人を打ちまかそうとやっきになっている人は、前進することなく、ただその場に立ち尽くしているだけです。これにたいして、禍《わざわい》をもたらす者をも寛恕《ゆる》す人は、自ら前進するとともに、ときには敵対する他者をも共に連れ立ってゆくことを、かの求道者は悟ったのです。最初は害をなす者をやっつけようとしましたが、そうするうちに、己《おのれ》の探究の対象である真理は自分自身の外にではなく、内にあることを学んだのです。それゆえに彼は暴力に訴えれば訴えるほど、ますます真理から遠ざかってゆくのです。なぜなら、外なる仮想の敵と戦っているときは、内なる敵を忘却していたからです。

わたしたちが盗賊を罰するのは、彼らがわたしたちに害をなすと考えるからです。ところが盗賊は、わたしたちを襲わずにやりすごすかもしれません。けれどもそれは、彼らが他の犠牲者に狙いを向けただけのことです。目をつけられた他の犠牲者もまた人間であり、姿 相《すがたかたち》を異にするわたしたち自身にほかなりません。このように考えると、議論は堂々めぐりを繰り返すだけです。盗賊は盗みを仕事と考えているのですから、盗難は増えつづけることになります。結局わたしたちは、盗賊を罰するより赦したほうがよいことに気がつきます。こちらが耐えることで彼らを正気に立ち返らせることもできます。そのように対処することで、盗賊もわたしたちと変わらぬ人間であり、同胞であり、友であり、したがって罰せられないことがわかります。しかし、盗人《ぬすびと》は赦せても、彼らの加えた危害は見過ごしてはなりません。それではただの臆病です。そこでわたしたちは、さらなる義務に気づきます。わたしたちが盗賊を親戚縁者とみなす以上、彼らにもこの血縁関係に気づかせなければなりません。そこでわたしたちは、努めて彼らの心を捉える方法を考え出さなければなりません。これすなわち、アヒンサーの道です。この道は、不断の苦痛と、果てしない忍耐を伴うかもしれません。これら二つの条件がみたされるとき、盗賊もついに、悪の道から立ちなおるのは必定《ひつじょう》です。［そしてわたしたちは、いっそうはっきりと真理を見るでしょう。］こうして足一足《そくいっそく》、わたしたちは全世界を友とすることを学び、神、すなわち真理の偉大さを実感してゆくのです。わたしたちの心の平安は、苦難にもめげず、かえって深まり、人はますます雄々しく、積極的になります。そしてわたしたちは、永遠なるものと、そうでないものとの違いをいっそう明確に理解し、己の果たすべき義務《つとめ》とそうでないものとを峻別する術《すべ》を学びます。こうして、わたしたちの思いあがりは消え失せ、謙虚になります。そのとき、わたしたちの世俗的執着心は減少し、わたしたちの内なる魔性もまた日ごとに影をひそめていきます。

アヒンサーは、一般に思われているような単純で平板なものではありません。生きとし生けるすべてのものに危害を加えないというのは、たしかにアヒンサーの一部にちがいありませんが、それはアヒンサーの最低限の表現です。アヒンサーの要諦は、いっさいの邪念や、過度の焦燥、虚言や、憎悪、人への遺恨、等々によっても損なわれます。世の人びとが必要とするものを独り占めして手放さないのも、アヒンサーを冒瀆する行為です。とはいっても、わたしたちが日々糊口をしのぐ質素な食物ですら、人びとが必要とする物です。わたしたちが身を置く場には、幾百万という微生物が棲息していて、わたしたちがそこにいるというだけで被害をこうむります。それでは、わたしたちはどのように身を処せばよいのでしょうか。自殺をすればよいのでしょうか。そんなことをしても、なんの解決にもなりません――霊魂が肉体に属するかぎり、肉体をいくたび滅ぼしても、霊魂は別の新たな肉体にやどると、わたしたちが信じているとすれば、の話ですが(実際にわたしたちヒンドゥー教徒はそのように信じているのです)。わたしたちが肉体にたいするいっさいの執着を断ち切ったとき、はじめて肉体は死滅するのです。

こうして、いっさいの執着心から解き放たれて自由になることが、神を真理として悟ることです。(2) このような悟りの境涯は、一朝一夕で到達できるものではありません。現身《うつしみ》をこのようにみなして生きるならば、いつの日にか、肉体の重荷から解放されることも夢ではありません。肉体の限界を認識しつつ、日々わたしたちは、力の限りを尽くして理想に向かって精進しなければなりません。

[わたしは、だれもが理解できるようにやさしく書きたいと思っていましたが、どうも講話《はなし》がむずかしくなってしまったようです。けれども、アヒンサーについて多少なりとも考えたことのある人ならば、わたしがここに述べたことを理解するのは、さほどむずかしくはないでしょう。]

右に述べたことから、たぶん、アヒンサーなくしては、真理を求めることも、見出すことも不可能なことが明らかになったと思われます。アヒンサーと真理はあまりにも密接に絡《から》み合っているために、実際にはもつれを解きほぐして区別することはできません。それらは一枚の硬貨の両面のような、というよりもむしろ、まだ刻印を押されていない無地の金属盤の両面に似ています。どちらが表面で、どちらが裏面か言える人がいるでしょうか。にもかかわらず、アヒンサーはあくまでも手段であり、真理が目的です。手段が手段であるためには、それはつねにわたしたちの手の届くところになければなりません。したがって、アヒンサーはわたしたちの最高の義務《つとめ》となり、「真理がわたしたちにとっての神となるのです。」わたしたちが手段に心を払えば、早晩、目的に到達できることは必定です。そして、ひとたびこれを実行しようと決意したなら、最後の勝利は疑うべくもありません。いかなる困難に遭遇しようと、また見かけはどのような敗北を喫しようとも、わたしたちは、唯一の存在であり、神自身である真理の探究を放棄してはなりません。(3)

バープーからの祝福を

一九三〇年七月二十八〜三十一日

(1)「アヒンサー〔ahimsa〕」はもともと「傷害、殺生、殺害」を意味する「ヒンサー」という語に、否定の「ア〔不、非〕」を冠《き》せた語で、「不殺生、不傷害」を意味する。インドでは古代より、宗教・倫理道徳の基調をなす重要な思想で、ジャイナ教、仏教の五戒の第一に説かれている。ガンディーはこの語を、たんに「殺生しない、危害を加えない」といった消極的な意味から、さらに「生きとし生けるいっさいのものを愛する」という積極的な愛の実践へと発展させ、政治闘争の場での「非暴力〔Non-violence〕」の意味に用いた。

（2）言うまでもなく、ここでガンディーはヒンドゥー思想の核心をなす輪廻転生について言及している。輪廻説によれば、死によって肉体を離れた魂は、しばらく天国にとどまったのち、ふたたび新しい肉体にやどって、現世に生まれかわるという。しかし、この転生を繰り返しているあいだは、魂は安住することなく、救われない。個我の魂〔アートマン〕が、宇宙原理であるブラフマン〔真理・梵〕を悟り、合一するとき、人は輪廻の束縛を脱して「解脱」に至るというのである。そして解脱に至るためのさまざまな道がヨーガであるといわれる。

（3）『全集版』では、以下つぎのような文章が続く――「わたしたちは信仰を失うことなく、つねに一つのマントラ〔真言〕を繰り返し唱えなければなりません。曰《いわ》く――真理は存在する、真理のみが存在する。真理は唯一の神であり、それを悟るには、ただ一つの道あるのみ。手段は一つ、その手段とはアヒンサーである。わたしはけっしてアヒンサーを手放すことはいたしません。真理なる神よ、わたしがその御名《みな》においてこの誓いをたてる神よ、願わくは、アヒンサーを持続する力を授けたまわんことを。」

三　ブラフマチャリヤ＝純潔・禁欲・浄行

わたしたちの戒律の三番目にくるのは、ブラフマチャリヤ(brahmacharya〔純潔・禁欲・浄行〕)です。実際は、すべての戒律は真理から導き出されるものであり、真理に仕えるものです。真理を娶《めと》り、真理のみを熱愛する人が、持てる能力《ちから》をなにか他のことに向けるとすれば、それは真理に不貞をはたらくことになります。それなら人は、自分の感覚をどのようにして満足させればよいのか、ということになります。自分の一挙一動を完全に真理の実現にささげつくしている(真理の実現には、全《まった》き無私が必要です)人は、子をもうけたり、家庭生活をいとなむといった利己的な目的にあてる時間をもつことはできません。自己の欲望を満足させながら真理を実現するというのは、前にも述べたとおり、言葉の矛盾に思われます。

これをアヒンサーの見地から考えてみますと、完全なるブラフマチャリヤ〔無私〕なくしては、アヒンサーの成就はありえないことがわかります。アヒンサーとは、あまねく万人への愛〔博愛〕を意味します。一人の男が一人の女を、一人の女が一人の男だけを愛するとしたら、二人以外の世の人びとに、何が残されるでしょう。それはただ、「肝心なのは二人だけ、あとのみんなはどうでもござれ」と言っているだけです。貞女は夫のために彼女のすべてをささげ、忠実な夫は妻のために彼のすべてをささげる覚悟がなければならないのですから、このような人たちは博愛の高みに到達することも、また全人類を親類縁者とみなすこともできないのは明らかです。なぜならそのような人たちは、彼らの周わりに障壁を築いてしまっている〔か、あるいは自然と障壁が築かれてしまっている〕からです。また、家族が多人数であればあるほど、博愛から遠ざかることになります。〔これは世界中で見られる現象です。〕したがって、アヒンサーの法《のり》に殉じようとする人は、結婚はできないことになり、いわんや、夫婦間以外の性的満足などもってのほかということになります。

それでは、既婚者はどういうことになるのでしょうか。彼らは永久に真理を体得することはできないのでしょうか。彼らは己《おのれ》のすべてを人類の祭壇にささげることはできないのでしょうか。この人たちにも解決の道はあります。〔この人生の道で、こうした関係ほど美しいものをわたしは知りません。〕このような幸福な境遇を享受している人なら、わたしの言葉を証明してくれることでしょう。わたしの知るかぎりでも、そうした実験を立派にやってのけている人たちが数多くあります。夫婦が互いを兄や妹と考えることができれば、彼らはいっさいのしがらみから解放されて、人類に奉仕することができます。世のすべての女性が、姉妹であり、母であり、娘であると考えること、そのこと自体、ただちに男性を高貴にし、〔性の〕鎖を断ち切ることになります。このばあい、夫婦はなにひとつ失わないばかりか、資産を増やし、家族をも増やすことになります。夫婦の愛情は肉欲の不純さから解放されて、いっそう強固になります。肉欲の不純さが消滅するとともに、夫婦はいっそうよく相扶《あいたす》けることができるようになり、夫婦喧嘩の機会も少なくなります。愛が利己的で拘束されているところでは、争いの機会がいっそう多くなるのです。

　以上の論旨が正しく理解されれば、純潔〔禁欲・浄行〕のもたらす肉体的な利得について考えるのは、それほど重要なことではなくなります。それにしても性的享楽のために、故意に生命力を濫費するのは、なんとばかげたことでしょう！　心身の潜勢力《パワー》を完全に開発させるべく男女に与えられているものを、肉体の快楽に浪費するのは、ゆゆしき濫用です。このような精力の誤用が万病のもとになるのです。

ブラフマチャリヤは、他のすべての戒律同様、思考においても、言葉においても、また行為においても遵守されなければなりません。『ギーター』には、肉体を抑制しているように見えても、心中《しんちゅう》に邪念をやどしている愚者は、無益な努力をしているのだ、とありますが、この明言はまた、経験によっても立証されるでしょう。肉体を制御しつつ、同時に心を奔放にまかせるならば、肉体の抑制は害あって益なしです。心の彷徨《さまよう》ところ、早晩、肉体もこれに追随するのは必定《ひつじょう》です。

ここで、ひとつ、相違を正しく理解しておく必要があります。心に不純な想念をいだくままにしておくのと、意ならずも心が不純な想念のなかへ踏み迷うのとは、まったく問題は別です。わたしたちが心に邪念のなかを彷徨《さまよ》わせまいと努めるならば、いつかは勝利をわがものにする日が来るでしょう。

わたしたちが肉体をよく制御しているときにも、しばしば、心は思いどおりにならないといったことは、日常的によく経験するところです。肉体の制御の手は弛めてはなりませんが、加えて、心を制御すべく、不断の精進を惜しんではなりません。これが、せめてもわたしたちにできる精いっぱいのことです。わたしたちが心を赴くがままに放置しておくならば、肉体と精神は違った方へ引っぱられて、わたしたちは自らを誤らせることになるでしょう。わたしたちがいっさいの邪念を近づけぬようたえず努めるかぎりは、肉体と精神は相たずさえて歩むことができるといわれています。

〔こうした〕ブラフマチャリヤを遵奉《じゅんぽう》するのは至難の業《わざ》で、ほとんど不可能事のように思われてきました。この思いこみの原因をたずねてみますと、ブラフマチャリヤという語が狭義に受けとられてきたことがわかります。すなわち、動物的な情欲を抑制することだけが、ブラフマチャリヤを遵奉することであると考えられてきたのです。この考え方は不完全で誤っていると、わたしは思います。ブラフマチャリヤとは、すべての感覚器官の抑制をすることを意味します。一つの器官だけを抑制しようとして、他の器官をどれも放置する人は、かならずや、せっかくの努力を徒労に終わらせることになります。耳に刺激的な話を聞き、目で刺激的な光景を見、舌で刺激的なものを味わい、手で煽情的なものに触れ、〔そうしておきながら〕同時に、残る一つの器官〔生殖器官〕だけを抑制しようなどと考えるのは、ちょうど火中に手を入れて、火傷を免れようと願うようなものです。ですから一つの器官を抑制しようと心にきめた人は、同様に、他の器官をも制御することを決心しなければなりません。わたしはつねづね、ブラフマチャリヤの狭い定義が、多大の害をもたらしてきたと思っておりました。わたしたちがあらゆる方向で同時に自己抑制を実践するならば、その努力は科学的に理にかなったものとなり、成功は望めましょう［その努力はすぐにも効を奏するでしょう、いや、その場合にのみ、成功は可能になるでしょう］。たぶん、嗜欲《しよく》が主犯格です。わたしたちがアーシュラムにおいて、嗜欲の抑制をことさら戒律の一項目にかぞえてきたのはこのためです。［この問題については、次回に論じることにします。］

終わりに、「ブラフマチャリヤ(brahmacharya)」の原義を想起してみましょう。チャリヤ(charya)とは行為の道〔所行道〕を意味します。したがって、ブラフマチャリヤは、ブラフマ〔ブラフマン＝梵〕、すなわち真理の探究のために採《と》る行為ということになります。この語源的な意味からすべての感覚機能を抑制するという特定的な意味が発生したものです。その語を性的な面にのみ限定するような、不完全な定義はよろしく忘れ去らなければなりません。

バープーからの祝福を

一九三〇年八月五日、火曜日朝

(1)『バガヴァッド・ギーター』第三章(六)の「運動器官を制御しても、思考器官《マナス》(意)により感官の対象を想起しつつ坐す心迷える人、彼は似非《えせ》行者と言われる」を指す。

四　嗜欲（味覚）の抑制

嗜欲《しよく》（味覚）の抑制は、ブラフマチャリヤの戒律ときわめて密接な関係があります。わたしは経験上、嗜欲の抑制を習得すれば禁欲戒の実行は比較的容易になることを知っています。嗜欲の抑制は、古くから伝統的に認められている戒律[1]にはかぞえられておりませんが、それは、あるいは偉大な賢人たちでさえ遂行しがたいものと考えられたからでしょうか。わがサッティヤーグラハ・アーシュラムでは、これを独立した戒律の高さにまでひきあげたのですから、この問題を個別にとりあげて考えてみる必要があります。

［〔戒律に用いられた〕アスヴァーダ（asvad）という語は、美味を楽しまないという意味です。なぜなら、美味は〔舌の〕快楽を意味するからです。］食物は、薬を摂《と》るがごとくに摂収されなければなりません――すなわち、美味か否かを考えず、また肉体の必要に限られた分量だけを摂らなければなりません。［〔ここに言う〕食物とは、わたしたちが口にするいっさいを意味します。したがって、ミルクも果物も食物に含まれます。］過少

量の薬は、効き目が薄いか、まったく効を奏さない。また量が多過ぎると、身体の組織に害をおよぼす。食物もこれと同じです。ゆえに、美味《おい》しいからというだけで、なんでもかでも口にするのは、この戒律に反することになります。また、自分の口に合うものを食べ過ぎるのも、ひとしく戒律に背《そむ》くことになります。このことから、風味を増したり加減するために、あるいは味気なさを改良するために、食物に塩を加えるというのも戒律違反になります。ただし、定量の塩を食物といっしょに摂ることが、健康上必要とされるばあいは、塩を加えることは違反にはなりません。言うまでもありませんが、実際に必要でないのに、入り用だと自らを偽り、食物に塩またはその他〔香辛料〕を加えるのは、完全な偽善行為ということになります。(2)

この考え方をおしすすめてゆくと、わたしたちがこれまで楽しんできた多くの食べ物は、栄養的に必要でないという理由で放棄しなければならないことがわかります。そして、このようにして、いろいろな食品の摂取をやめる人は、いつしか自然と、自己抑制を身につけることになりましょう。「「一皿の料理には、十三種もの違った材料が入り用だ」とか「胃は人を強制労働に従わせる」とか「胃は人を胡麻《ごま》擂《すり》にさせる」などといった諺はどれも含蓄に富んでいます。」この問題はこれまでほとんど注意を払われてこなかったために、この戒律を念頭に食物を選ぶのは、ひじょうにむずかしい。

親たちは間違った愛情から、子どもたちにいろいろな食べ物を与え、子どもの健康を損ない、人工的な味覚に慣れさせてしまう。そんな子どもたちが成長すると、病弱で、味おんちになる。幼いときの偏食の結果は、成長のどの段階にもつきまとう。そこでわたしたちは、多額の金を〔健康のために〕浪費し、薬師《くすし》の恰好《かっこう》の餌食《えじき》になってしまう。

わたしたちのほとんどの者は、感覚器官を制御するどころか、その奴隷になっています。ある経験豊かな医者が、かつて、まったくの健康体を見かけたことはない、と言っていました。肉体は食べ過ぎるたびに害されます。そしてその障害は、断食によってのみいくらか修復できますが。

だれも、わたしの戒律に恐れをなし、あるいは、とてもかないわぬことと失望して、努力するのをあきらめる必要はありません。誓いをたてるということは、最初からそれを完全に実行できるという意味ではありません。すなわち誓願するというのは、思いにおいても、言葉においても、また行為においても、その成就を目指して、不断の誠実な努力をするという意味で、なんらかの逃げ口上を弄して自己を偽ってはなりません。自分に都合のよいように理想を後退させたり低減させたりするのは、虚偽をはたらくことであり、自らを卑しめることです。理想のほんとうの意味を理解し、それがいかに困難であろうと、理想に到達しようと不退転の努力をすること、これこそがプルシャールタ(purushartha)、すなわち人間の〔生存の〕目的です。［このばあい、プルシャ(purusha)という語は、たんに人間を意味するのではなく、語源的な意味に解さなければなりません。プラ(pura〔肉体〕)にやどるものが、プルシャです。わたしたちがプルシャールタという語をこの意味に解釈するなら、それは男性にも女性にもひとしく用いることができます。］朝な夕なに重要な戒律を完璧に遂行する人には、この世になすべきことは残されていません。それはバガヴァン、完全な人〔尊者〕であり、ヨーギー〔定者〕です。わたしたちいたらぬ求道者たちは(3)、ひたすら急がず、着実に努力を重ねることができるだけです。それによってかならずや、神が嘉《よみ》したもう適時《とき》に、神の恩寵を得ることができるのです。そしてそのとき、いっさいの人為的な味覚は、至高者を実感することで消滅してしまうでしょう。

［この戒律の重要性がよく理解できたなら、わたしたちはそれを実践すべく、新たな努力をしなければなりません。］だからといって、毎日そのために四六時中、食物のことばかりを考える必要はありません。ただひとつ必要なのは、つねに怠りなき慎重さで

す。その慎重さが、好き放題に食べるときと、身体を維持するためにのみ食べるときとを、即座に見分ける助けになります。このことの意味がわかれば、断固として、食い道楽などの耽溺《たんでき》に立ち向かわなければならなくなります。この原則を実践する共同炊事場は、〔アーシュラムでは〕きわめて有益です。それがあれば、毎日の献立を考える必要はぶけますし、感謝と満足感をもって、限られた分量だけを摂《と》ることのできる、ほどよい食事の供給が受けられるからです。〔このようにして食物を摂ることで、わたしたちは嗜欲の抑制の誓いを難なく守ることができるのです。〕共同炊事場の専門家《オーソリティー》は、食物にかんするわたしたちの心の負担を軽減してくれ、戒律の監視人としても役立ってくれます。彼らはわたしたちを甘やかすことなく、肉体を奉仕に適《かな》う器《うつわ》として持続できるような、食物のみを調理してくれることでしょう。理想の状況を言えば、(4)太陽がわたしたちの唯一の料理人であるべきです。もっともわたしたちは、そのような喜ばしい状況からまだまだ遠いことは承知していますが。

バープーからの祝福を

一九三〇年八月十二日、火曜日朝

(1) ちなみに、古来ジャイナ教、仏教、ヒンドゥー教など、インドの伝統的な諸宗教では、修行者にはつぎの五つの戒律の遵守が課せられていた――不殺生・真実語・不盗・不婬・無所有〔仏教ではこれに不飲酒が加わる〕。

(2) そういえば、訳者がワルダーのガンディー・アーシュラムに宿泊したときに出された食事は、薄味というより、ほとんど食材そのものの味といった印象であったことを思い出す。

(3) 以下、このパラグラフは『全集版』ではつぎのとおりである――「わたしたちは、モクシャ〔解脱〕を切望し、真知を求め、真理に従おうと決意し、その探究に献身するいたらぬ人間にすぎません。したがって『ギーター』に教えられているように、わたしたちは謙虚に、しかも慎重に努め励まなければなりません。そうすれば、いつの日にか、神の恵みを受けるに値し、感覚の対象物にいだく満足感はすべて消滅することでしょう。」

(4) 以下、このパラグラフは『全集版』ではつぎのとおりである――「理想の状況を言えば、わたしたちは火の使用をできるだけ少なくするか、まったく使わないようにするべきです。わたしたちは大いなる火力の太陽が調理してくれるものから食物を得るべきです。このような見地から問題を考えれば、人間は完全に草食動物であることは明らかです。しかしいまここでは、そこまで問題を深く掘り下げる必要はありません。ここで考えなければならないのは、嗜欲抑制の誓いの性質と、その戒律に含まれる種々のむずかしさと、この戒律とブラフマチャリヤの密接な関係です。これらのことを理解したうえで、この誓願を守るべく、男女を問わず、一同能力《ちから》の限りを尽くして、誠心誠意努力しようではありませんか。」

五 不盗

さてつぎは、不盗〔アステヤ〔asteya〕〕の戒律です。さきに述べた二つの戒律〔ブラフマチャリヤと嗜欲の抑制〕同様、不盗もまた真理に内在しています［つらつら考えてみますと、すべての戒律は真理とアヒンサーに、あるいは真理にのみ内在していることがわかります（1）］。

愛〔アヒンサー〕は真理から導きだされたもの、あるいは真理と対《つい》をなすものといえるかもしれません。真理と愛は一つであり、同じものです。にもかかわらず、わたしは真理をいっそう重視します。つきつめて考えますと、唯一の実在のみが存在するからです。つまり、最高の真理は、それ自体で存在するのです。真理は目的であり、愛はそこに至る手段《みち》です。わたしたちは、愛の法《のり》に従うのは容易でないことは承知していますが、愛すなわち非暴力とは何か、については知っています。しかし真理については、その断片を知るのみです。完全に真理について知ることは、完全に非暴力を実践するのと同様、人間には成しがたい業《わざ》です。

［アステヤ(asteya)は盗まぬこと、不盗を意味します。］

人は盗みをはたらきながら、同時に真理を知っているとか、心に愛をいだいているなどと主張することはできません。しかし、わたしたちのだれもが、意識するとしないとにかかわらず、多かれ少なかれ、盗みの罪を犯しているのです。わたしたちは、他人の持ち物ばかりではなく、自分の持ち物をも盗みうるのです――たとえば、子どもたちにないしょで、なにかをこっそり食べる父親がやるようにして。アーシュラムの台所の収納庫はわたしたちの共同の所有物ですが、そこから砂糖のかたまり一つでもこっそり持ち出す者は、自らに盗人の刻印を押すことになります。［他の子のペンを使う子どもも、盗みをはたらくことになります。］どんなものにせよ、許可なくして他人の物を使うのは盗みです――たとえ他人がそれを知っていたとしても。また、だれの所有物でもないと思いこんでなにかを使用するのもひとしく盗みです。路上で見つけたものは、支配者の物か、それとも地方当局の物です。アーシュラムの近くで見つかったものは、すべて事務長に手渡さなければなりません。そして、それがアーシュラムの所有物でなければ、事務所はつぎに、それを警察にまわすことになります。

と、ここまでは話はかなりすんなり運んでまいりました。しかし不盗の戒律は、そこからさらに一歩も二歩も進めていかなければなりません。たとい所有者の承諾があったとしても、ほんとうにそれが必要でなければ、他人からなにかを受けとるのは盗みです。わたしたちには、自分が必要としないものは、一物たりとも受けとってはなりません。この種の盗みは、一般には食物が対象となることが多いようです。要《い》りもしない果物をもらったり、必要以上に多量にもらうのは、盗みです。わたしたちは、かならずしも自分のほんとうの必要量に気づいてはいない、そこで、たいていの人は自分の必要量を不当に水増しし、知らないあいだに自分を盗人《ぬすびと》に仕立てているのです。わたしたちが、多少なりともこの問題に配慮するならば、多くの必要物が除去されることがわかるでしょう。不盗の戒律を守る人は、漸次、必要物を減らすことができましょう。この世界の悲惨な貧困は、多くのばあい、不盗の原理の不履行に起因しているのです。

　以上考えてまいりました盗みは、外的、あるいは物質的盗犯と言えるかもしれません。これとは別に、人間の精神をはるかに卑しめる、もっと陰険なもうひとつの盗みがあります。心ひそかに、他人の持ち物を手に入れたいと願ったり、貪欲な目を向けたりするのも、また盗みです。物理的に言うと、食物を口にしない人は、一般には断食をしているということになりますが、もしその人が、他人が食事をしているところを見て、心に飲食の喜びを思い描くならば、その人は断食違反と同時に、盗みの罪をも犯していることになります。また断食中も、たえず断食後の食事の多彩な献立《メニュー》てをあれこれ想像するなら、その人は同じ罪を犯していることになります。

不盗の原理を守る人は、将来手に入る物について思いわずらうようなことはありません。将来についての取り越し苦労は、多くの盗みの根っこに見られます。わたしたちは、今日はある一つの物を所有したいと願うだけですが、明日になると、それを手に入れるために、あれこれ手段を講じはじめます――できれば、正直な手段をと願うでしょうが、切羽《せっぱ》つまれば、不正な手段に訴えることもあります。

有形の物と同様、アイデアも盗みの対象になります。実際にはその人の創意ではない、あるすぐれたアイデアを鼻高々と自分が発案したと主張する人は、アイデア泥棒の罪を犯しているのです。多くの学者たちが世界史上に、こうした窃盗をはたらいてきましたし、アイデアの盗用は、今日でさえ、けっして珍しいことではありません。たとえば、わたしがアーンドラ〔インド南部の州〕で新型の紡ぎ車を見かけ、同じような糸車をアーシュラムで製造して、それを自分の発明品だと吹聴したとすれば、わたしは虚偽をはたらき、明らかに他人の発明品を盗んだことになります。したがって、不盗の戒律を実行する人は、謙虚にして思慮深く、周到で、日々の生活も簡素であらねばなりません。

バープーからの祝福を

一九三〇年八月十九日、火曜日朝

(1)『全集版』では、「このことはつぎのような図表に示すことができる――

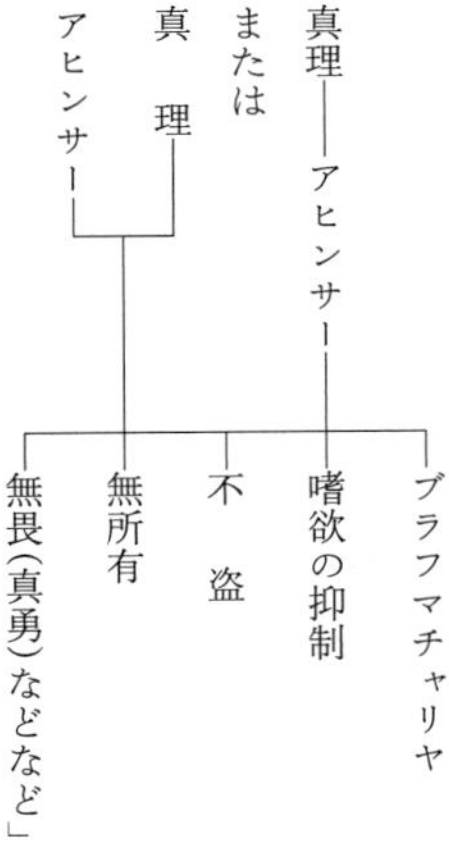

とある。

六　無所有即清貧

無所有は不盗と関連があります。たとえ、本来は盗んだ物でなくとも、わたしたちが必要でない物を所有しているなら、それは盗品とみなされなければなりません。所有するというのは、将来のために貯えることを意味します。真理の探究者、すなわち愛の法《のり》の信奉者は、明日に備えてなにひとつ貯えてはなりません。神は明日のために貯えるようなことはしません。言いかえれば、神はその時どきにどうしても必要な物以外は、けっして創造することはありません。したがって、もしわたしたちが神の摂理を信じるなら、神は日ごとに日常の糧《かて》を、ということは、わたしたちが必要とするすべてのものを与えてくださることを確信していなければなりません。古来このような信仰に生きた聖者や信仰者たちは、彼らの経験からつねにこのことが真実《まこと》であることを立証してきました。日々われらに日常の糧を与え、余分なものはお与えにならないという神の法をわたしたちが無視したり蔑《ないがし》ろにしたりすることが、不平等や、それに伴ういっさいの不幸をひきおこすのです。富者は、要《い》りもしない余計な物をふんだんに貯《た》めこみ、結局はそれらをなおざりにし、浪費します。いっぽう、幾百万という貧者は、食べ物がなく餓死するのです。もし各人が必要な物だけを所有するなら、ひとりとして困窮する者はなく、万人が満足に暮らしていけましょう。実際には、富者は貧者におとらず不満をかこっているのです。貧者は百万長者になりたがり、百万長者は億万長者になりたがります。「貧者は、彼らの日常の必要品を手に入れても、なかなか満足することはありません。しかしながら、彼らには日常の必要品を手に入れるだけの権利があり、彼らを満足させるよう援助するのが社会の義務《つとめ》です。」富者は、知足の精神があまねく世にひろがるよう、率先して無所有を励行しなければなりません。富者が自分の所有財産をほどほどに制限するだけでも、飢えた者が容易に養われ、富者とともに満足することを学ぶでしょう。無所有の理想を完全に充足するためには、人は鳥のように、頭上に屋根をいただかず、衣服をもたず、明日のために食物を貯えないことが求められます。なるほど人間には日々のパンは必要ですが、それを供給するのは神のなせる業《わざ》であり、人の分ではありません。[1] このような理想に到達できる人は、たとえ実在するとしても、きわめて少数です。しかしわたしたち一般の求道者たちも、それが不可能事に見えるからといって、しりごみしてはなりません。そしてわたしたちは、たえず理想を視野におき、その光にてらして、己《おのれ》の所有物をきびしく吟味し、その節減に努めなければなりません。言葉のほんとうの意味における文明は、需要と生産を増やすことではなく、慎重かつ果敢に、欲望を削減することです。このことだけが、真の幸福と満足感を増幅し、奉仕の能力《ちから》を倍加するのです。この基準から考えますと、アーシュラムには、いまだに必要性が明らかでない数多くの品々があり、それらが隣人たちの盗み心をそそっていることがわかります。(2)「人びとはやろうと思えば、欲しい物を減らすことができます。そして欲しい物が少なくなればなるほど、人びとは幸福に、いっそう心安らかに、健康になるのです。」

純然たる真理の立場からみれば、肉体もまた一つの所有物です。享楽への欲求が霊魂《こころ》にたいして肉体を生みだし［それを維持し］てきたと言われてきましたが、これはほんとうです。欲望が消滅すれば、もはや肉体の必要性はなくなり、人は生死の循環から解放されます。(3)霊魂は遍在しています。それなのに、どうして霊魂は鳥籠のような肉体に閉じこめられたがるのでしょうか。あるいはまた、そんな鳥籠〔肉体〕のために悪をなし、人殺しまでしなければならないのでしょうか。このことに気づくとき、わたしたちは完全な自己放棄の理想に到達し、そして肉体が存続するかぎり、奉仕のためにこれを用いるべきことを知るのです――こうして、やがてはパンではなく、奉仕がわたしたちの生命《いのち》を支える糧となるのです。わたしたちはただひたすら奉仕のために、食らい、飲み、眠り、目覚めるようになります。このような心がまえがわたしたちに真《まこと》の幸福をもたらし、やがて時満つるにおよんでは、〔神にまみえる〕至福のヴィジョンがもたらされるのです。各自、この見地から自己をふりかえってみようではありませんか。

　無所有の原理は、事物にたいすると同様、思想にも適用できることを銘記するべきです。無用な知識で頭をいっぱいにしている人は、この貴重な原理を穢《けが》しているのです。わたしたちを神から遠ざけたり、心を神の方に向けさせないような思想は、〔無用の長物であり、〕行く手の障害物となります。このことについては、『ギーター』第十三章の知識の定義を考えればよいでしょう。そこには謙遜《アマニトゥヴァム》(amanitvam)……等々が知識を成立させるものであり、他はいっさい無知なり、とあります。(4) もしこれが真実《まこと》なら――そしてそれが真実であることは疑う余地はありませんが――今日わたしたちが知識なりとしてありがたがっている多くのものは、純然たる無知であり、したがって、わたしたちになんらかの恩恵をもたらすどころか、かえって仇《あだ》なすだけです。無知は心をまどわせ、空虚にさえします。このようにして生じる不満は、つぎからつぎへと際限なく悪を生み、繁殖させます。言うまでもありませんが、これは無為の弁明ではありません。わたしたちの人生の一瞬一瞬は、精神的にも肉体的にも活気にみちていなければなりませんが、その活動はサットヴィカ(sattvika)、すなわち「真理に向かう」ものでなければなりません。奉仕に生涯をささげる人は、一瞬たりとも怠けてはいられません。わたしたちは同じように活動していても、その善悪を峻別することを知らなければなりません。この識別は当然のことながら、奉仕への専念と並行するものです。

バープーからの祝福を

一九三〇年八月二十六日、火曜日朝

（1） ちなみに、ガンディーは青年時代、イギリス留学中に友人の勧めでキリスト教に関心をいだき、とりわけ『新約聖書』の、キリストの「山上の垂訓(説教)」(「マタイによる福音書」五―七章)を生涯愛読した。

（2） 本文を書きながら、たぶんガンディーは、過去に実際にアーシュラムで発生した盗難事件のことを想起していたものと思われる。名著『ガンディー伝』の著者B・R・ナンダによると、「アーシュラムにしのびこんだ盗人たちは、カストゥルバーイ〔ガンディー夫人〕の所持品の入った行李《こうり》を持ち去った。事件が発覚したとき、ガンディーは警察に通告せずに言った――『盗人が入ったということは、明らかに彼らがアーシュラムにはまだ盗みに入る価値のある品物があると信じていたということだ。したがって、それを実行に移した盗人たちを含めて、わたしはまだアヒンサーのなんたるかを土地の人びとに教えていなかったのだ』」という話である。

(3)　第一章註(4)、第二章註(2)参照。

(4)　『バガヴァッド・ギーター』第十三章には、真の知識とは何か、が詳細に定義されている。たとえば、(七)には「慢心や偽善のないこと。不殺生、忍耐、廉直。師匠に対する奉仕、清浄、堅い決意、自己抑制」があげられ、(一一)に至って「常に自己《アートマン》に関する知識に専念すること。真知の目的を考察すること。以上が「知識」であると言われる。それと反対のことが無知である」と結ばれている。

七　無畏(1)

『ギーター』の読者ならだれも、第十六章に列挙されている神の属性のリストの冒頭に、無畏が挙げられていることを承知しています。これはたんに語呂合わせの必要によるものか、それとも慎重に吟味したうえで、無畏に冒頭の栄誉を与えたものかは、わたしの知るところではありません。しかしながら、わたしに言わせれば、無畏は筆頭にあげるにじゅうぶん値します。なぜならそれは、他の高貴な諸特性の発展に不可欠なものだからです。無畏なくして、どうして人は真理を求め、愛を心にいだきつづけることができましょうや。プリータム(2)の言うように、「ハリ〔一般にはヒンドゥー教三大主神の一つヴィシュヌ＝クリシュナ神の呼称〕への道は勇者の道にして臆病者の道にあらず」です。ここにいうハリとは、真理を意味します。そして勇者とは、剣や銃の類《たぐい》ではなく、無畏をもって武装した人のことです。恐怖にとりつかれた者たちだけが、剣や銃で身がまえるのです。

無畏とは、病気や傷害や死、財産の消失、近親者や愛する者たちとの死別、名誉の失墜や他人の感情を害すること等々への、いっさいの外的恐怖から解放されることを意味します。死の恐怖に打ち勝った人は、一般に誤信されているように、他のすべての恐怖を克服しているとはかぎりません。ある人は死は恐れないが、人生のささいな不幸から逃れようとします。ある人は、自分の死については覚悟はできているが、愛する者たちを奪われることには耐えられません。ある守銭奴たちは、こうしたことならどんなことをもいとわないし、生命を捨てることも辞さないが、財産を失うことにはがまんがならない。このほか、自らの威信とやらを維持するためには、いかなる悪事も平気でしでかす人もあります。またある人は、世間の非難を招くことを怖れるあまり、眼前に明らかに横たわる、真っ直ぐな隘路《みち》を行くのを避けようとします。真理の探究者は、こうしたいっさいの恐怖に打ち勝たなければなりません。彼は、まさにハリシュチャンドラがやったように、真理の探究に自己のすべてを犠牲にする覚悟がなければなりません。(3) ハリシュチャンドラの物語は、なるほど寓話にすぎないかもしれませんが、求道者たちはみな、それぞれ個人的な経験をとおして、物語の真実性《まこと》を証言するでしょう。したがって、かの物語は歴史的事実と同じく貴重なのです。

完全なる無畏は［ほとんど教えられて教えられるものではありません。それは］迷妄から解放されるということですから、至高者〔神〕を実感した者だけが到達できることになります。人は確固たる不断の努力と、自信をはぐくむことによって、この目標に向かってたえず前進することができます。

初めに申しましたように、わたしたちはいっさいの外的恐怖をかなぐり捨てなければなりません。しかし、内なる敵には、つねに恐怖《おそれ》心をいだいていなければなりません。言うまでもなく、わたしたちは動物的情念や忿怒《ふんぬ》、等々を怖れなければなりません。ひとたび、こうした内なる裏切者を克服してしまうと、外的恐怖は自然と消滅するものです。こうした恐怖はどれもみな、肉体をめぐって生じるものですから、肉体への執着を離れれば、即座に消滅します。このようにして、すべての外的恐怖は、なんの根拠もない、わたしたち自身の幻想の産物であることがわかります。富や家族や肉体への執着を捨て去れば、恐怖はわたしたちの心中《しんちゅう》に巣くうことはありません。「地上の物を放棄することによって、それらを享受せよ」というのは、至上の教訓です。とはいっても、富も家族も肉体も、いまあるごとく、そこに存在することには変わりはありません。したがってわたしたちは、それにたいするこちらの態度を変えさえすればよいのです。これらはすべて、わたしたちの所有物ではなく、神のものです。この世には、ひとつとしてわたしたちの物はありません。わたしたち自身ですら神のものなのです。それならば、どうして恐怖《おそれ》をいだく必要がありましょうや。それゆえに『ウパニシャッド』は、「われらは物を享受するいっぽうで、物への執着を捨て去るべし(4)」と、説くのです。すなわちその意味するところは、わたしたちは所有者としてではなく、受託者として、物に関心をいだくべきである、ということです。わたしたちに物を委託される神は、すべての横領者からそれらを守るのに必要な力と武器をわたしたちに与えてくれることでしょう。こうしてわたしたちが、主人たることをやめて、足もとの塵よりも慎ましい下僕の地位に退くとき、いっさいの恐怖は霧のごとくに消滅するでしょう。そしてわたしたちは、無上の平安に到達し、サティヤナーラーヤナ(satyanarayan〔真理の神〕)にまみえることでしょう。

バープーからの祝福を

［一九三〇年九月二日(5)］

(1)「無畏」とは、怖れなきこころ、真勇を意味する。中村元博士の『仏教語大辞典』(東京書籍、一九七五年)によれば、「おそれをもたぬこと。真理について正しく知り、確信して語って、なんの不安・疑惑も存しないこと。……安穏で怖畏の全くない状態。勇気。……」のこととある。

(2) プリータム〔＝プリータムダース〕。一八世紀グジャラートの宗教詩人。ブラフマン〔真理・梵・大宇宙の魂〕とアートマン〔人間の内なる霊魂・個我の魂〕の合一を説くヴェーダーンタの哲学思想を、神秘体験をとおしてクリシュナ神への讃歌としてうたった。抒情詩「主霊への道は勇者の道にして……」は、今日もグジャラート地方でひろく愛唱されている。ちなみに、ここに引用された歌の原義はつぎのとおりである――「神への道は勇者の道にして、臆病者はそこには望まれない。／おまえはまっさきに、おまえの頭《こうべ》〔全存在〕を献《ささ》げ、しかるのちに神を想わなければならない。／息子と財産と妻と自分の頭を献げる者は、〔献身の〕甘美なよろこびをたのしむことができるだろう。」

(3) プラーナ聖典〔古伝説〕によると、日種《にっしゅ》族の王ハリシュチャンドラは、ヴィシュヴァーミトラ仙のたびかさなる要求に応えて王国を寄進し、さらに王妃と王子を、そして最後に自らをも布施〔ダクシナー〕した。神々は、よく試練に耐えた王を憐れみ、王とその眷属《けんぞく》を天界に昇らせたという。ちなみに、ガンディーは少年時代、この物語の芝居を見ていたく感動したことを

『自叙伝』に回想している。なお、ハリシュチャンドラのこの壮絶な篤信は、『旧約聖書』ヨブ記の主人公ヨブの受けた過酷な試練と、信仰の堅持の物語をわれわれに想起させる。

(4)　『イーシャー・ウパニシャッド』第一節の「この一切のもの(＝全宇宙)、動く世界のうちに存するいかなるものでも、みな主宰神によって抱擁されている。それゆえに、捨て去ることによって享楽せよ。いかなる[他]人の財をも貪ることなかれ」(中村元選集『ウパニシャッドの思想』中村元訳、春秋社、傍点は森本)を、二か所いくらか言葉を変えて引用したもの。

(5)　手紙の原文には日付はないが、各地のアーシュラム関係者に複写コピー(五八通)を送付した際、アーシュラムの責任で追記されたと『全集版』に記されている。

八　不可触民制の撤廃

不可触民制の撤廃もまた、嗜欲の抑制同様、〔これまでの宗教の教えになかった〕新しい戒律であり、いささか奇異に聞こえるかもしれません。しかしそれは、きわめて重要な戒律です。不可触民制というのは、特定の身分や家柄に生まれたという理由で、ある人びとに触れると穢《けが》れるということを意味します。アーコー(1)の言葉をかりると、このような制度は社会の癌です。宗教を装いながら、つねに宗教を妨害し、宗教を堕落させるものです。

そもそも人はみな同じ一つの聖火の火花ですから、なんぴとも生まれながらにして触れるも穢らわしいなどということはありえません。特定の人たちを生まれつき不可触民として遇するのは、誤りです。同様に、死体に触れることに理不尽な躊躇《ためらい》をいだくのも誤りです(2)――それどころか、死体は憐憫と尊敬の対象であるべきです。わたしたちが死体に触れたり、油を塗ったり、髯《ひげ》を剃ったりしたあとで沐浴をするのは衛生上の配慮からです。このようなときに沐浴をしない人は、不潔とみなされることはあっても、絶対に罪人とみなすことはできません。子どもの汚《よご》し物を片付けたあとも沐浴をせず、あるいは手足を洗わないうちは、なるほどその母は「不可触〔触れると穢れる〕」かもしれませんが、子どもがたまたま母に触れたとしても、そのために穢れるということはありません。

ところが、掃除人《バンギー》や道路清掃夫《デード》、皮職人《チャマール》(3)等々は、生まれ落ちたときから不可触民として蔑視されています。この人たちも、身なりを正し、あるいはヴァイシュナヴァ〔ヴィシュヌ派〕の標識(4)をつけ、日ごと『ギーター』を読誦《どくじゅ》し、また知的職業につくことはあります。それでもなお彼らは、不可触民であることに変わりはありません。これは反宗教行為とみなされるべきであり、根絶に値します。不可触民制の撤廃をアーシュラムの戒律の一つとして採用することによって、わたしたちは、この制度がヒンドゥー教の主要な要素でないばかりか、ヒンドゥー教に仇《あだ》なす病原であり、これと闘うことがすべてのヒンドゥー教徒に課せられた義務であるとの、わたしたちの信念を世に公言することになるのです。したがって、不可触民制を罪悪なりと考えるヒンドゥー教徒はみな、不可触民と呼ばれる人たちと兄弟のようにしたしく交わり、愛と奉仕の精神をもって彼らに接し、そうした行為によって自らが浄められると考え、彼らの不満を取り除き、積年の奴隷状態に起因する無知をはじめとする悪弊を克服すべく忍耐強く手を借し、さらに他のヒンドゥー教徒たちにこれに倣《なら》うよう励まし、もって、せめてもの罪滅ぼしに服すべきです。

不可触民制の撤廃をこうした精神的見地からよくよく考えるとき、その現実的・政治的結果は二義的なものに押しやられます。そしてわたしたちは、そうした結果を無視して、不可触民と呼ばれる人たちを友とするのです。真理の探究者たちには、探究の現実的な結果のことなど顧慮する暇《いとま》はありません。なぜなら問題は彼らにとっては、たんなる政策の問題ではなく、彼らの生の本質そのものと深くかかわるなにかだからです。[不可触民制の撤廃を誓った人たちの場合も、これと同じです。]

この戒律の決定的な重要性に気づくとき、それが挑む悪の範囲が、被圧迫階級に限られていないことがわかります。悪というものは、初めは芥子粒《けしつぶ》ほども大きくはありませんが、見る見るうちに増大して、ついにはわが身の置きどころまでも破壊するものです。このようにして、不可触民制の害毒も、いまや〔この国の〕生活のあらゆる領域に食いこんでいます。[わたしたちは自宗の信徒以上に他宗の信徒にたいして、またヒンドゥー教内にあっては、自分の宗派の信者以上に他宗派に属する信者にたいして、さらには自分と宗派を同じくする人たちにたいして、といったぐあいに、不可触民制を固守するのに忙しすぎて、地球上の重荷になっているのです。わたしたちは不可触民制の種々誤まれる観念のために、果てしなく繰り返す沐浴や、特別食の準備などに追われて、ほとんど自分の時間すらもてないほどです。うわべは神に祈っているようなふりをしながら、その実《じつ》、わたしたちは神にではなく、自分自身に礼拝をささげているのです(5)。」

したがってこの戒律は、不可触民としたしく交わるだけではなく、生きとし生けるすべてのものを己《おのれ》の生命のごとくに愛して、はじめて成就されるのです。不可触民制の撤廃とは、全世界を愛し、全世界に仕えることを意味します。かくしてそれは、アヒンサーと一体になるのです。不可触民制の撤廃とは、人と人とのあいだの障壁を打ち壊わし、この世に存在するものたちのさまざまな階級的障害を打破することです。このような障壁は世界のどこにも立ちはだかっていますが、いまここでは、インドにおいて宗教の名のもとに是認され、幾百千万という人びとを奴隷すれすれの状態に貶《おとし》めてきた不可触民制の問題に、主として関心を向けたしだいです。

バープーからの祝福を

一九三〇年九月九日、火曜日朝

（1）アーコー〔＝アーカー〕。十七世紀グジャラートの卓越した宗教詩人。金銀細工の職人カーストに生まれ、王国の造幣の職につくが、カースト仲間の策謀によってあらぬ疑いをかけられる。無実が判明したのち、世俗を捨て人生の師《グル》を求めて諸国を放浪した。五十歳近くから詩を書きはじめ、ヴェーダーンタ思想と自らの神秘体験にもとづき、煩雑な宗教儀礼や教義、カーストや不可触民制などの社会の不正を、ユーモアと皮肉をまじえて痛烈に批判し、神との魂の合一のよろこびを素直にうたい、一般から聖者《サント》として崇められた。

（2）ヒンドゥーは、彼らの浄・不浄観から死と血を忌み嫌う。とりわけ、魂のぬけがら、として物と化した死骸を極端に不浄視する。古来ヒンドゥー教徒が、遺骸を土葬にせず、火葬に付してきたのは、このためだともいわれている。

（3）いずれも不可触民の職業の呼称で、パンギーは清掃や穢物の処理、デードは西インド一帯の農業労働者や家庭の召使い、チャマールは北・中部インドの家畜業に従事するカースト集団。

（4）ヴァイシュナヴァ派と呼ばれるヴィシュヌ神の信者は、宗派の標識として額に三本、灰で横に線を塗る〔なお、シヴァ派の信者は縦に塗って、宗派の標識とする〕。

（5）ヒンドゥー教のカースト制度は、たんに社会制度上の身分の上下だけではなく、宗教上の浄・不浄の観念をともなうため、下層カースト、とりわけ不可触民は不浄とみなされ忌み嫌われた。そのため、町や村でも彼らの居住地を別にする、共同井戸の使用を禁じる、などの差別的待遇が日常的におこなわれてきた。また彼らに接触することはもちろん、目に見るだけでも穢れるとされたが、現実の生活では、直接・間接の接触は回避できないため、浄めの沐浴や、食事にともなう浄化の儀式が一般におこなわれてきた。

九　パンのための労働

人は生きるためには働かなければならない——トルストイがパンのための労働について書いているのを読んだとき、わたしははじめてこの法則をはっきり理解したのでした。しかし、それ以前にも、ラスキンの『この最後の者にも[1]』を読んで以来、わたしはその考えに敬意をいだくようになっていました。[〔グジャラート語の〕ジャートマヘナート(jatmahenat)という語は、「パンのための労働」という英語表現の訳語です。字義的には「ローティー(Roti〔パン〕)」のための労働という意味です。] 人は自らの手をもって働くことでパンを得なければならないという神聖な法則は、最初は〔トルストイではなく〕T・M・ボンダレフという名の〔無名の〕ロシア人作家が力説したものでした。トルストイはその法則を[その人から学び、それに共鳴して]広く世に知らしめたのでした。わたしの知るところでは、『ギーター』の第三章にも同じ原理が述べられています[2]。そこには、〔神々に〕犠牲を献げずに物を食する者は、盗んだ食物を食らっているのだ、と教えられています。ここに言う犠牲とは、パンのための労働の意にほかなりません。

良識で考えても同じ結論に至ります。肉体労働をしない者に、どうして食べる権利があるでしょうか。聖書にも「おまえは額に汗を流してパンを得るべし(3)」とあります。百万長者も日がな一日ベッドでごろごろしていて、食事の世話までやかれていると、そんな生活を長くは続けられなくなり、やがては嫌気がさすことでしょう。そこで、百万長者は運動をして腹をすかせ、自分の食べ物ぐらいは自分で摂《と》って食べることになります。富者も貧者も、だれもがこうして、なんらかの形で体を動かさなければならないとすれば、どうしてそれが生産的な労働、すなわちパンのための労働ということにならないのでしょうか。だれも農民に、呼吸運動や筋肉鍛練をせよとは言わない。しかし、人類の十分の九までが土を耕して生きているのです。もし残りの十分の一が圧倒的多数の人びとの側に倣《なら》い、すくなくとも、自分の食物を得るくらいの労働をするようになれば、世界はいまより、どんなにか幸福に、健康に、そして平和になることでしょう！　もしその人たちが農業に手を借せば、多くの農業関連の難題が、容易に解消するでしょう。また、万人が例外なく、パンのための労働の義務《つとめ》を認識するとき(4)、嫌悪すべき階級差別は排除されるでしょう。このことは、すべてのヴァルナに共通して言えます(5)。資本家と労働者のあいだには、世界中どこでも葛藤が見られ、貧者は富者を嫉視《しっし》しています。もし万人がパンのために働くなら、階級差別は消滅するでしょう。〔そのばあいも〕金持は依然として存在するでしょうが、彼らはただ、自らを財産の管財人とみなし、財産を主として社会の利益のために利用するでしょう。(6)

パンのための労働は、非暴力を実践し、真理を崇《あが》め、ブラフマチャリヤ〔純潔・禁欲・浄行〕の戒律を自然行為たらしめようとする人にとっては、真《まこと》のよろこびです。この労働はほんとうは、農業だけを指すことになります。しかし、ともあれ目下のところは、だれもかれもが農業にたずさわるわけにはまいりません。そこで土地を耕す代わりに、糸を紡ぎ、機《はた》を織り、あるいは大工仕事や鍛冶職に従事することも許されますが、いずれにせよ、つねに農業を理想とみなさなければなりません。なんぴとも自分の汚物の清掃人たるべきです。排泄は飲食同様、必要不可欠です。したがって、人はだれも自分の汚物を自分で処理するのが最上の方法《みち》です。これができないというなら、各家庭で家族の汚物の処理にあたるべきです。わたしは年来考えてきましたが、汚物の処理が社会のある特定の階級の業務とされてきたところに、決定的な誤りがあるにちがいありません。最初この衛生上不可欠な仕事を最下層の人びとに押しつけたのは誰か、その人物については歴史的な記録は残っておりません。それがだれであろうと、その人物はけっして後世に善をなしたとはいえません。わたしたちは幼いころから、わたしたちみんなが清掃人であることを心に銘記すべきでした。そしてそれをする最も容易な方法《みち》は、このことに気づいただれもが、パンを得るための労働を、清掃人として始めることです。このように清掃の仕事を道理をわきまえておこなうならば、その仕事は人間の平等を身をもって理解する助けとなるでしょう。(7)

バープーからの祝福を

一九三〇年九月十六日、火曜日朝

(1)　ガンディーは一九〇四年十月、南アフリカ在住時代にたまたま車中で読んだ十九世紀イギリスの人道主義的芸術・社会評論家ジョン・ラスキンの『この最後の者にも』に深く感動し、ラスキンの思想からその後の人生に決定的な影響を受けた。彼は早速、社会の繁栄はその成員のだれもが労働と手仕事によって、幸福で平等な生活をいとなむことだとする同書の理想を実現すべく、同志とともに自給自足の共同農場「フェニックス・セトゥルメント」を開設し、南アフリカでの闘争の拠点とした。ついで一九一〇年に、南アフリカでのサッティヤーグラハ運動が激化し、多くの抵抗者たちが逮捕・投獄されるにおよび、ガンディーは彼らの家族を一か所に集めて共同生活をいとなむことを思いつき、トランスヴァール州の州都ヨハネスバーグ近郊に協力者の援助を得て、一一〇〇エーカーの農地を入手して、新しい共同農場を始めた。このころガンディーは、トルストイの人生・社会観を尊敬し、実際にも文通によって交友を深めていたため、新しい農場を「トルストイ農場」と命名した。

(2)『バガヴァッド・ギーター』第三章(一二)の「神々に〔祭祀を〕捧げないで彼らに与えられたものを享受する者は、盗賊に他ならぬ」を指す。

(3) 旧約聖書『創世記』第三章一九節より。

(4) 一般に「種姓」と訳されている「ヴァルナ」の本来の意味は「色」である。すなわち、アーリヤ人がインドに侵入したとき、肌色の白い支配者アーリヤ人と、肌色の黒い被支配民族とに分けられ、やがて職業的な四つの身分階層〔四姓〕が定着することになった。しかしそれは、初期段階では、職業的な身分区分に重点がおかれ、かならずしも今日のような差別的カースト制度とは同一でなかったようである。

(5)『全集版』では、本文はつぎのような文章になっている――「今日では、こうした差別はヴァルナ制度にまで侵害していますが、もともとヴァルナ制度には、そのような差別の痕跡はありませんでした。」

(6) この考え方は、さらに後年、ガンディー固有の経済論「信託の思想」へと発展していった。それによると、たとえば、地主が土地の私有権を主張して、大地に杭を打ち、鉄線を張りめぐらせたとしても、もとをただせば、地球上のすべての土地は、神が人や動物たちを住まわせるために創造したものであり、たとえ一坪、半坪の土地といえども、地主が自分で創《つく》ったものではない。土地はすべて神の意志によって、万人と万物自然に帰属すべきものである。ところが人間は、しばしばその所有権をめぐって隣人と不仲やいさかいをひき起こし、ついには村人と村人、国民と国民が武器を持ち出して殺し合いまでしでかす始末である。ガンディーによれば、土地の私有権を主張する地主たちは、実際には万人に帰属すべき土地の管理を創造主から信託されているにすぎない。同様に、資本家も万人のものである資本の管理・運用を託された被信託人である。したがって彼らには人びとから託された土地や資本を、より有効に利用・運用して、より多くの利益を信託人に還元する奉仕の義務がある、というのである。

(7) 『全集版』では、本文はつぎのような文章になっている――「このように清掃の仕事を道理をわきまえておこなうならば、それは宗教を、違った、そしていっそう真実な視点から理解する助けとなるでしょう。子どもや老人や、病で手足を動かせない人たちがパンのために働けないとしても、それはパンのための労働の法則に背くものとみなされてはなりません。子どもは、いうならば、母親の一部と考えられます。〔また〕自然の法則さえ乱されなければ、老人の手足もきかなくはならないでしょうし、病気がはびこることもないでしょう。」

十　寛容即宗教の平等（一）

「宗教の平等――これは、わたしたちが「寛容」という語でなじんできたアーシュラムの戒律につけた新しい名称です。サヒシュヌター（Sahishnuta〔忍耐・慎しみ・寛容〕）の英語の相当語は Tolerance です。」わたしは寛容という言葉は好みませんでしたが、他によい言葉が思いつかなかったのです。「カーカーサヘブ〔カーカー・カーレルカル。高名な哲学者で、アーシュラムの中心メンバーの一人〕もまた、その語を好みませんでした。そこで彼は「すべての宗教の尊重」という語を提案しましたが、わたしはその表現も気に入りませんでした。」〔というのは〕寛容という語には、他人の宗教が自分のものより劣っているといったいいわれなき思いあがりが含まれています〔また尊重という語にも、ある種の恩きせがましさが読みとれます〕。これにたいしてアヒンサーは、他人の宗教心にたいして、わたしたちが自分の信仰にいだいているのと同じ尊敬を払うべきことを教え、ひいては自分の宗教の不完全さをも認めることになります。このような認識は、愛の法《のり》に従う真理の探究者にして容易にもちうるのです。わたしたちが真理を完全に観るという信仰の高みに到達していたなら、わたしたちはもはや、ただの真理の探究者ではなく、神と合一していたことでしょう――なぜなら、真理は神だからです。ところが、わたしたちは、いまはまだたんなる求道者であり、真理の探究に従事し、わが身の不完全さを意識する身です。このように、わたしたち自身が不完全だとすると、わたしたちが心にいだく宗教もまた不完全であるにちがいありません。わたしたちは、いまだ神を実感し悟得していないのですから、宗教を完全には理解していません。わたしたちが頭に思い描いている宗教は、このように不完全なのですから、つねにそれは発展途上にあり、理解を新たにする必要があります。真理への巡礼、神への登攀《とうはん》は、こうした発展があってこそはじめて可能になるのです。また、人間が考え出した宗教が、どれもみな不完全だとすれば、宗教の優劣を比較するといった問題は起こりえません。どの宗教もみな、真理の啓示によって成り立ってはいますが、同時にみな不完全であり、過ちを免れません。わたしたちは他宗教を敬うといっても、それらの欠陥に目をつぶる必要はありません。わたしたちはまた、自分の信仰の欠点にも敏感でなければなりませんが、そのために信仰を離れるのではなく、欠点を克服しようと努めるのでなければなりません。公正な目で世のさまざまな宗教をながめるなら、他の宗教の望ましい特質をすべて自分たちの信仰に採り入れるのにやぶさかでないばかりか、そうすることを自分たちに課せられた義務《つとめ》と考えることでしょう。

さてここで、なぜこのように数多くの異なった宗教信仰がなければならないのか、という疑問が生じます。宇宙霊は一つですが、霊がやどり生命を与える肉体は数知れません。わたしたちはそうした肉体の数を減らすことはできませんが、多にやどる霊の一如《ユニティー》は認識できます。ちょうど一本の樹は幹は一つですが、枝葉が無数にあるように、真《まこと》の完全な宗教は一つですが、それが人間という媒体をとおして表わされるときには多となるのです。

［すべての宗教は、聖なる霊に触発されて生まれたものですが、それらは人間の精神《こころ》の所産であり、人間によって説かれたものですから、不完全です。］一《いっ》なる完全な宗教は、いっさいの言語を超えたものです。ところが不完全な人間が、それを自分に駆使できる言語で語り、その言葉がまた、同じ不完全な他の人びとによって解釈されるのです。いずれの人の解釈が正当だと主張できましょうか。だれもみな、その人の見方からすれば正しいといえましょうが、だれも誤っていると言えないこともありません。ここにお

いて、寛容の必要性が生じます――寛容というのは、自分自身の信仰にたいする無頓着のことではなく、己《おのれ》の信仰へのより知的で純粋な愛をもつことを意味します。寛容のこころは、わたしたちに精神的な洞察力を与えてくれます――それは狂信などとは、地球の両極ほども遠いものです。宗教についてのほんとうの知識は、信仰間の障壁を打ち破ります。他宗教にたいして寛容の精神《こころ》を養うことは、自分の宗教をいっそう正しく理解することにつながります。

寛容とは、申すまでもなく、正邪、善悪の区別をごっちゃにするものではありません。ここに述べたことは、一貫して、そのまま世界の主要な宗教についてもあてはまります。それらはみな、共通の基盤の上に成り立つものであり、どの宗教もひとしく、すぐれた聖者たちを輩出させています。

［他宗教にたいする寛容と、他宗徒にたいする寛容とは、いくらか相違があります。わたしたちは、あらゆる人にたいして――高徳の人にたいすると同様、邪《よこしま》な人にたいしても、また敬虔な人にたいすると同様、不信心な人にたいしても――ひとしく敬意をいだかなければなりませんが、だからといって、無宗教にたいして寛容であってはなりません。

この考え方については、なお詳しい説明を要するかもしれません。わたしの言わんとすることがわかりづらければ、わたしのもとに問い合わせてください。(1)」

バープーからの祝福を

一九三〇年九月二十三日

(1)　この問題は、次章「寛容即宗教の平等(二)」で採り上げられている。

十一　寛容即宗教の平等(二)

「このテーマはひじょうに重要なので、いましばらく寛容の問題にこだわってみましょう。」ここで、わたしの体験のいくつかをお話しすれば、たぶん、わたしの言わんとする意図《ところ》がいっそう明確になるでしょう。フェニックス〔第九章註(1)参照〕では、サーバルマティー(1)でやっているように、わたしたちは毎日祈禱集会をもっていました。そしてキリスト教徒もムスリム〔イスラーム教徒〕も、ヒンドゥー教徒といっしょに集会に参加していました。亡きセート・ルシュトマジー(2)と彼の子どもたちも、しばしば集会に参加していました。ルシュトマジー・セートは、グジャラート語の讃歌《バジャン》「マネ・ヴァルン……(わたしにとって、いとしきもの、そはラーマの御名《みな》)」をたいへん気に入っていました。わたしの記憶に誤りがなければ、いつかマガンラール(3)だったかカーシーだったかが、この讃歌の歌唱を指揮していたとき、ルシュトマジー・セートが「ラーマの御名《みな》のところを、代わりにオフルマズド〔ゾロアスター教の主神アフラ・マズダーのこと〕と歌ってください」と、陽気に叫びました。彼の提案はすぐに受け容れられ、それからは、セートが参加しているときはもちろん、彼が参加していないときでも、しばしばわたしたちはラーマのところに「オフルマズド」(4)の名を入れて歌ったものでした。またダウド・セートの息子の、いまは亡きフサインも、しばしばフェニックス・アーシュラムに滞在して、熱心にわたしたちの祈りの集会に加わりました。オルガンの伴奏に合わせて、彼はいつも「ハイ・ババレ・バガ……(この世の花園は、はかなく咲き匂うのみ)」という歌を、それはそれは美しい声で歌ったものでした。彼はわたしたちみんなにこの歌を教え、わたしたちもまた、祈りの集会のときにその歌をうたいました。その歌はわたしたちのバジャナーヴァリー〔讃歌集〕に加えられ、真理を愛してやまなかったフサインの思い出へのささげものにしたのでした。わたしはいまだかつて、フサインほど献身的に真理を実践した青年に出くわしたことはありません。ジョーゼフ・ロエッペン(5)もよくフェニックスにやってきました。彼はキリスト教徒で、彼の愛唱歌は「ヴァイシュナヴァ・ジャナ」、「その人は、悩める人びとに助けの手をさしのべるヴァイシュナヴァ〔主のしもべ〕」でした。彼は音楽を愛好し、かつてこの讃歌の「ヴァイシュナヴァ」という語を「クリスチャン」に言いかえて歌ったことがありました。他のみんなも嬉々として、彼の読み代えを受け容れました。そしてわたしは、そのことでジョーゼフの心が歓喜《よろこび》でいっぱいになるのを目のあたりにしたのでした。

かつてわたしは自分なりに得心のゆくよう、異なる諸宗教の聖典に目をとおしたことがありましたが、そのときわたしは、当初の目的どおり、キリスト教、イスラーム教、ゾロアスター教、ユダヤ教、ヒンドゥー教をよく知ることができました。それらの聖典を読んでいたとき――たぶん、当時は自分では意識していなかったと思いますが――どの宗教にたいしても同じ畏敬の念を感じていました。当時の記憶をたどってみますと、それらが自分の宗教でないというただそれだけの理由で、他宗教を批判してやろうなどといった気持は、わたしには毛頭なかったと思います。わたしはそれぞれの聖典を尊敬のこころをもって読み、どの聖典にも同じ基本的な精神性を見出したのでした。当時わたしには、〔それらの聖典の内容について〕どうしても理解できないことがいくつかありました〔それはヒンドゥー教の聖典についても言えることでした〕。そしてそれらは、今日もってまだわからないままですが、〔ともあれ〕自分に理解できないことはみな誤りにちがいないときめつけるのは早計であることを、わたしは経験から学びました。初めはどうしても理解できなかったことが、その後、白日のように明らかになったこともいくつかあります。公正な判断力は多くの難問を解決する助けになります。また、なにかを批評するにさいしても、謙遜と礼節をもって意見を述べるならば、後味の悪さを残すことはありません。

「それでもなお、一つむずかしい問題が残ります。前回も述べたように」宗教の平等の理論を認めることは、宗教と無宗教との区別をなくするということではありません。わたしたちは、無宗教にたいする寛容を奨励しようとしているのではありません。もし各人が宗教と宗教ならざるものとについて手前勝手な判断をくだすとしたら、平等の精神の入る余地はなくなるのではないか、と異議を唱える向きがあるかもしれません。「たしかに、その種の疑問がもちあがるかもしれませんし、宗教と宗教ならざるものを見きわめるにあたって、錯誤をおかすかもしれません。けれども」わたしたちが愛の法《のり》に従えば、無宗教の兄弟にたいしても、いささかも憎悪をいだくことはないでしょう。それどころか、「相手が無宗教だとわかっても」人としてその人を愛することでしょう。そしてそのために、わたしたちのほうで彼の考え方の誤りに気づかせるか、それとも彼のほうでこちらの思い違いを指摘するでしょう。あるいは、双方が互いの見解の相違を宥《ゆう》恕《じょ》することになるでしょう。相手が愛の法を守らないばあい、暴力的な態度に出てくるかもしれません。それでもなおわたしたちが真《まこと》の愛を心にいだきつづけるならば、ついには、相手の敵意に打ち克つでしょう。わたしたちが間違っていると思う相手にも苛立たず、必要とあらば、自ら苦しみをひきうける覚悟をせよ、との黄金律にさえ従うならば、行く手に立ちはだかるいっさいの障壁は、おのずから消滅するでしょう。

バープーからの祝福を

一九三〇年九月三十日、火曜日朝

(1)　一九一五年初めに、二十二年にわたる南アフリカでの闘争を終えて帰国したガンディーは、インドでの活動を始めるにあたり、西インドの織物の町アフマダーバード近郊のコチャラブ村に、インドでの最初のアーシュラム〔修道場〕を設立、のちにこれをアフマダーバード市郊外のサーバルマティー川の岸に移し、その後のインドでのサッティヤーグラハ闘争の拠点「サーバルマティー・アーシュラム」とした。なおついでながら、「解説」に述べたように、一九三〇年にガンディーの生涯の闘争のクライマックスとなった「塩の行進」にのぼるにあたり、ガンディーは二度とふたたびこのアーシュラムに帰ることはあるまいと、心に固く決意していた。

そのため一九三三年の出獄後に、彼は活動の拠点を中央インドの僻地ワルダーのアーシュラムに移した。

(2) パールシー〔ゾロアスター教徒〕の富裕な商人で、南アフリカにおけるガンディーのサッティヤーグラハ闘争の熱心な支持者となり、「パールシー・ルシュトマジー」と呼ばれた。なお「セート」は富裕な商人を意味し、しばしば名前の前後に付して、敬称として用いられる。

(3) マガンラールはガンディーの従兄弟のクシャルチャンド・ガンディーの次男で、一九〇二年に南アフリカに渡り、ガンディーの薫陶を受け、生涯サッティヤーグラハ運動家として献身した。ガンディーが「サッティヤーグラハ」という独自の名称を考えついたのも、マガンラールの提案した標語からであった。ガンディーはこの「従兄弟ちがい」を深く愛し、アーシュラムの後継者にと期待していたが、一九二八年に早世した。カーシーは、マガンラールの兄チャガンラールの妻。なおクシャルチャンドの四人の息子も、それぞれアーシュラムの活動に参加していた。

(4) 父ダウド・ムハマッド・シェートは、南アフリカで成功したイスラーム教徒の貿易商でナタール・インド人会議の議長を務めるなど、サッティヤーグラハ運動に指導的な役割りを果たした。息子フサインは、当時ナショナル・ムスリム大学に学ぶ優秀な学生であった。ガンディーは父子を評してこのように書いている――「彼〔父ダウド・シェート〕は、性格において彼をはるかにしのぐ息子という、得難い宝石をもっていた。若者の心は水晶のように澄んで穢れがなかった」と。

(5)　ジョーゼフ・ロエッペン。マドラス出身のキリスト教徒の弁護士で、ガンディーはその人柄を「弁護士特有のプライドをもたない弁護士」と評した。ガンディーとは、南アフリカでのアーシュラム、トルストイ農場で共に汗を流した間柄であった。

十二　謙　虚

謙虚そのものは戒律にはなりえない。なぜならそれは、意識的に実践されるものではないからです。それでいて謙虚さは、アヒンサーには不可欠の条件です。心中《しんちゅう》にアヒンサーをもつ人にあっては、謙虚はその人の人間性そのものの一部になっています。

サッティヤーグラハ・アーシュラムの規則と規約の草案の下書きが、同志たちのあいだに配布されたときのことでした。そのなかに故グルダース・バネルジー氏(1)の名も見られましたが、彼は謙虚を戒律のなかの一項目に加えるべきだと提案しました。そのときは、ただいま述べたような理由から提案は受け容れられませんでした。

こうして謙虚は戒律の一つにはなりませんでしたが、それはたしかに、他の戒律のどれとも同様、いや、たぶんどれよりも肝要です。ただなんぴともそれを訓練によって身につけたためしはありません。真理は愛と同じように、教化することができます。しかし、謙虚さを教化するのは、結果的には偽善を教えることになるからです。謙虚をたんなる行儀や礼儀作法と混同してはなりません。人はときには、心中だれかに苦々しい思いをたぎらせていても、その人の前に身をひれ伏すことはできましょう。これは謙虚ではなく、狡猾《こうかい》です。人は口に「ラーマナーマ〔神ラーマの御名《みな》〕」を唱え、あるいは日がな一日、数珠《じゅず》をつまぐって祈り、世間的には聖者のごとく振舞うこともできますが、心が利己的であれば、その人は柔和なのではなく、ただ偽善的なだけです。

ほんとうに謙虚な人は、自分の謙虚さを意識しないものです。真理やこれに類するものは、あるいは測定の余地はあるかもしれませんが、謙虚さを計ることはできません。生来的な謙虚さは、いつまでも隠されたままということはありませんが、当人はその存在を意識していません。ヴァシシュタとヴィシュヴァーミトラの物語は、問題の要点を衝《つ》く、きわめてよい例を提供してくれています。謙虚さは当人に、自分がなにほどのものでもないことを実感させるはずです。わたしたちが自分がなにほどかのものであると考えるとき、そこにはすでに利己心が頭をもたげます。戒律を遵守する者が、そのことを鼻にかけるとき、戒律はすべてとは言わないまでも、大部分の価値を失ってしまいます。また自分の徳性を誇りにする人は、しばしば社会に禍《わざわい》をなす者となります。世間はそんなものは評価しないでしょうし、その人自身も、そのことからなんら益を得ることはないでしょう。ちょっと考えてみるだけで、人はみなこの宇宙のなかの一分子にすぎないことはじゅうぶんわかるはずです。現身《うつしみ》の生命としてのわたしたちの存在は、ほんとうにはかないものです。永遠からみれば、百年など何ほどのことがありましょうや。しかしながら、もしわたしたちが自己中心主義の鎖を断ち切って、大海に融けこむならば、わたしたちは人間であることの尊厳に参入できるのです。自分をなにほどのものであると考えることは、神と自分自身のあいだに障壁を築くことです。〔これにたいして〕自分がなにほどのものであるとの考えをやめることは、神と一体化することです。大海の一滴の水は、自ら意識することはありませんが、母体の広大さに参与しているのです。ところが一滴の水が、大海を離れて存在を主張しはじめると、たちまちにして蒸発してしまいます。地上の生命は泡沫にすぎないと言ったとしても、それはけっして誇張ではありません。

「どうすれば、このような完全な謙虚さを陶冶《とうや》できるでしょうか。それは、わたしたちがアーシュラムの戒律の精神《こころ》を理解するとき、おのずから育成されます。真理に従うことを念願する者が、どうして高慢な人間になれましょうや。」奉仕の生活は謙虚な生活になるはずです。他人のために自らの生命を犠牲にささげようとする人には、自分のために陽当りのよい場所を確保する暇《いとま》などほとんどありません。ヒンドゥー教にまま見られてきたように、無為無気力を謙虚さと思い違いをしてはなりません。「そのような思い違いがあったればこそ、無気力や偽善がしばしば、謙虚さの名のもとにはびこってきたのです。」真に謙虚であるということは、全身全霊を人間性《ヒューマニティー》への奉仕に向けた、不断の精進努力を意味します。神はひとときも休むことなく、たえず働きつづけています。わたしたちが神に仕え、あるいは神と一体となることを願うならば、わたしたちのいとなみも神のごとくに倦《う》まずたゆまぬものでなければなりません。大海から分離した水滴は、一時《いっとき》の休息を得るかもしれませんが、海中の水滴にはしばしの休息もありません。なぜなら大海は休むことを知らないからです。同じことがわたしたち自身についても言えましょう。わたしたちが神という大海と一つになるとき、その瞬間からわたしたちには休息はなくなり、また事実、早や休息の必要はなくなります。わたしたちの睡眠そのものも行動です。なぜなら胸中に神を思いつつ眠るからです。この不眠不休が、真《まこと》の休息をもたらします。この不断の奔命にこそ得も言えぬ平安への鍵があります。「したがって真の謙虚さは、生きとし生けるいっさいの生類《しょうるい》への献身をわたしたちに求めます。わたしたちがこのようにして、己《おのれ》のすべてを放擲《ほうてき》するとき、週の安息日〔日曜日〕もなくなります。」この全《まった》き自己放擲の最高の状態は、筆舌しがたいものですが、人間の経験の域を超えたものではありません。それは、献身的な数多くの人びとが到達しえたものです。これこそが、わたしたちサッティヤーグラハ・アーシュラムの同志たちが目ざしてきた目標であり、わたしたちの戒律も活動計画も、すべてこの目標達成に役立つべく意図されたものです。わたしたちが真理を体得すれば、いつの日にか、まったく意識せぬうちに、その目標に到達することでしょう。〔わたしたちが意識して努力しても、それは到達できるものではありません。〕

バープーからの祝福を

一九三〇年十月七日、火曜日朝

（1）　グルダース・バネルジー〔一八四四―一九一八〕。カルカッタ高等裁判所判事、インド人最初のカルカッタ大学副学長〔学長はイギリス人高官の名誉職であったため、実質上の学長〕。ベルガル国民教育促進協議長などを歴任した当代きっての有識者。彼はまた、祖国インドの精神文化の伝統的価値を高く評価し、インド・ナショナリズムの覚醒にも貢献した。南アフリカ時代のガンディーは一九〇一年から二年にかけて一時帰国したとき、カルカッタでバネルジーに会い、南アフリカの運動に援助を求めたが、以来、この人の高潔な人格と高い知性を尊敬し、本文に見られるように、インドでの最初のアーシュラム建設にさいして、彼の助言を求めたと思われる。なおこの間の経緯《いきさつ》については、『自叙伝』第五部九章「アーシュラムの設立」を参照されたい〔邦訳は、『ガンジー自伝』蠟山芳郎訳、中公文庫、一八八三年、『ガーンディー自叙伝』(二巻)田中敏雄訳、平凡社〔東洋文庫〕、二〇〇〇年、ほか〕。

(2)　人の前に跪《ひざまず》き、相手の足に触れ、足の塵を拝し、それを自分の額にいただくプラナーマ〔pranama＝平伏礼〕と呼ばれるヒンドゥー教徒の挨拶の作法で、長上にたいする最上の尊敬の表現。

(3)　インド神話によると、カニャークブジャの王ヴィシュヴァーミトラは、森で狩りをしているうちに、高名な聖仙ヴァシシュタの庵に行きつき、たいへんな歓待をうけた。王は、聖仙がどんな望みをもかなえてくれるナンディニーという名の「如意牛」をもっていることを知り、無数の牛か自分の王国との交換を申し出たが、聖仙は神々に供物を献げるためにナンディニーを手放すわけにはいかぬと王の願いをことわった。そこで王は、さまざまな策謀やいやがらせを弄し、ついに強大な武力をもって力ずくで牝牛を奪おうとしたが、怒った牝牛に軍隊を滅ぼされてしまう。この間ヴァシシュタは、バラモンとしての法《のり》を守り、忍耐をつらぬいた。こうして、バラモンの徳の偉大さの前に武力の敗北を認めたヴィシュヴァーミトラは、王位も王国も捨てて厳しい苦行をおこない、ようやくバラモンの位に到達したという。この物語は、一般には、クシャトリヤの権力にまさる力と、種姓〔カースト〕の変更のむずかしさを示すものと解釈されているが、ガンディーはむしろ怒りや遺恨・傲慢さをもたない人間の徳性をたたえる教訓としてここに引用している。

十三　誓願の重要性

これまでの一連の書簡でも、誓願の重要性についてひととおりのことは述べてまいりましたが、誓願と信仰生活との関係について、いま少し詳しく考えておく必要があろうかと思われます。［スワデシー（国産品愛用）を除くすべての誓願について議論をすすめてまいりましたので、ここでは誓願そのものの必要性について考えてみましょう。］一定の規則を守ることの妥当性は是認するが、誓願の必要性は認めないといった、思想家たちの有力な一派があります。彼らは誓いなどというものは弱さの証拠《しるし》であり、有害ですらあるとまで言いきります。また彼らは、もしある規則があとになって、不都合だとか不当だとわかったなら、それがわかったあとも規則に固執するのは、明らかに間違いだと主張しています。彼らは言います――「禁酒はなるほどよいことではあるが、たとえば医療上の理由でときどき飲酒するばあいは、どんな害があるというのだろうか。アルコールにせよ、他のものにせよ、完全な禁断の誓にはあらずもがなの不利益になるだろう。［「どうしてわれわれは、よい目的のためであっても、嘘をついてはならないというのだろうか」と。この論法には、わたしは合点がまいりません。」

誓いをたてるというのは、不退転の決意を表明することであり、われわれを誘惑に立ち向かわせることです。せっかくの決意も不便さの前に屈するというなら、なんの価値もありません。古今東西の人間性についての経験は、不撓《ふとう》の決意なくしては、進歩は望みえないことを物語っています。罪を犯してやろうなどといった誓願はありえません。［そのような誓願は、もともと道を誤っています。］たしかに当初は誓願に値すると思われたものが、あとになって有害だとわかったばあいは、明らかにそれを破棄する必要が生じます。しかし人は怪しげな事柄は誓わぬものであり、また誓ってはなりません。誓いがたてられるのは、普遍的な、衆目の一致する根本原理［でありながら、しかもわたしたちが、習慣的にそれにのっとって行動をしない、原理］についてだけです。このようなばあい、それが罪になる可能性は、多かれ少なかれ、仮想のものです。真理の信奉者は、自分が真理を語ったことでだれかが傷つきはしないだろうか、などと考える暇《ひま》はありません。なぜなら彼は、真理が害をなすはずはないと確信しているからです。完全な禁酒についてもまた、同じことが言えます。誓願者は薬にかんしては例外とするか、あるいは完全に誓いを成就するために生命を賭する覚悟をするかです。完全な禁酒の誓いを守りぬいて生命を落とすようなことがあっても、よいではありませんか。アルコールによって生命が延びるという保証はありませんし、また、たとえアルコールによってしばらく生命が延びたとしても、次の瞬間、なにか別の理由で、わたしたちの生命は果てるかもしれません。これにたいして、誓いを捨てるくらいなら生命を捨てるという人の実例は、酒客《しゅかく》たちにアルコール離れを促し、ひいては社会に大きな善の力となることでしょう。生命を賭《と》しても、内なる信仰を証明してみせようと気高くも決意した、このような人たちだけが、いつの日にか神にまみえることを望めるのです。

誓いをたてるというのは、弱さの証拠《しるし》ではなく、強さの証拠です。なすべきことを、なにがなんでも遂行する――これが誓願です。それは不抜の力の城壁になります。「このような決意を誓願と呼ぼうと、あるいはなにか別の名称で呼ぼうと、名称は問題ではありません。」なにかを「できるだけ」やってみましょうと言う人は、自尊心か、あるいは弱さを露呈しています「――もっともご本人は、それを謙虚のせいにするかもしれませんが、実際には、そうした心理的態度には、ひとかけらも謙遜の心は見あたりません」。わたし自身の場合も、他の人たちの場合と同様、「できるだけのことは……」という限定付きは、決定的な逃げ口上であることに気がつきました。「できるだけ」なにかをおこなうという態度は、事に当って初めから、すでに誘惑に屈していることになります。「できるだけ」真理に従い、これを実践するつもりです、などと言ってみても、まったくナンセンスです。ビジネスマンが「できるだけ」(1)この日に「できるだけ」の金額を支払いますというような手形を相手〔問題〕にしないように、神もまた、「できるだけ」真理に従い、これを実践しますという人の約束手形は受け取りを拒否なさることでしょう。

　神は誓願のイメージそのものです。神は、自らの掟を、毛幅ほども逸脱すれば、もはや神ではなくなるでしょう。太陽は法則の偉大な遵奉者です。それなればこそ、時を計り、暦を作ることができるのです。［太陽はわたしたちに、陽はつねに昇り、永久に昇りつづけるであろうとの確信をいだかせ、それによって安心立命を与えてくれたのです。］世のビジネスはすべて、人は約束を守るものだとの想定の上に成り立っています。［商人たちが互いに約束によって拘束されていると考えなければ、商業活動は成り立ちません。このようにして、誓いを守るということは、人間のしかるべき普遍行為であることがわかります。］このような約束ごとは、人格形成や自己実現に無用なものといえるでしょうか。ですからわたしたちは、自己浄化や自己実現のために、誓願の必要をゆめゆめ疑ってはなりません。

バープーからの祝福を

一九三〇年十月十四日、火曜日朝

(1) 日本では「インド人商人」というと、利に敏《さと》く、狡猾で抜け目のない、といった印象が一般的なようであり、本文を読んで、あるいは驚きや奇異感で首をかしげる読者が多いかもしれない。しかし、そうした世上の風評は、主として旅行者や短期滞在のビジネスマンなどの、限られた体験談によるところが大きいようである。ちなみに、ガンディーの生家は「解説」でも記すように、インド固有の身分制度であるカーストでは、第三階級「ヴァイシャ〔庶民層〕」のサブ・カーストの一つ「モード・バニヤー〔食料品を商《あきな》う商人階級〕」に属していた。ガンディーは政治的発言などでもしばしばこの点にふれ、父祖伝来の商人たちの剛毅な実直さ、誠実さをむしろ誇りにしていたふしがある。たしかに、彼の出身地の西インドのグジャラートは、多様な人種と宗教の入り混ざる進取の気性に富む土地柄であり、古来この地から多くの商人がアラビア海岸沿いの港々や、遠くは海を渡ってアフリカにまで交易の手をひろげてきた。したがって彼らには、信用とそれにともなう道義心を「証文以上に重んじる」気風が強かったようである。ガンディーが自らを「バニヤー出身者」をもって任ずるとき、それはひとつには同郷商人たちの「かけひきの巧みさ」や「したたかな粘り強さ」を示唆すると同時に、なによりも信用と約束を尊ぶ伝統的な商人魂《しょうにんだましい》を意味していた。

〔訳者追記〕

本書に説かれた「アーシュラムの誓願」についてのガンディーの講話を読んでいると、その人の思想と人格のあまりの潔癖さ、峻厳さにある人は啞然として驚き、萎縮し、またある人は、拒否感すらいだくかもしれない、そして、ガンディー自身の言葉を借りると、「人生は面白みのない退屈なもの」に映じるかもしれない。

もうかれこれ三十数年前、筆者は自ら「ガンディーへの旅」と称して、半年近くガンディーゆかりの地を歴訪し、そのころからめっきり数の少なくなっていた同時代の同志や友人、門人たち、それから彼の運動に直接参加した有名無名の戦士たちをつぎつぎに訪ね、直接彼らの口からガンディーの思い出と印象を語ってもらった。そのとき、筆者の先の質問に、回答者の多くは答えた――「たしかにガンディーは厳しい人でした。しかし、彼がいちばん厳しかったのは自分自身にたいしてです。つぎに厳しかったのはアーシュラムに誓願をたてて入居した、いわゆるアーシュラミットにたいしてでした。誓願をたてていない外部《そと》の者にまで、彼は自分の信念や生活原理《プリンシプル》を押しつけるようなことはありませんでした」と。

そればかりか、彼を知る多くの人びとの心に焼きついていたマハートマの印象は、厳格さよりもむしろ愛《やさ》しさ、明るさであり、人間としての懐の深さと大きさであった。とりわけ、彼の巧《たく》まぬユーモア（だじゃれも含めて）のセンスについては、異口同音にたのしい思い出が語られ、「バープーのまわりには、つねに明るい笑いと、陽気な雰囲気がありました」と、彼らは語った。ある伝記作家によると、一九三一年にイギリス政府との円卓会議に臨んだとき、ガンディーは好んでロンドンの貧民街に宿をとったが、毎日の訪問者のなかには、「お話」と「お菓子」をねだりに来る近所の小さな訪問客の姿がまじっていたという。

彼のユーモアのセンスを、ある人は「バーナード・ショーそこのけ」と評したが、事実ガンディーは、あるときインタヴュアーから、「ガンディーさん、あなたは人生にユーモアのセンスは必要だと思いますか」とたずねられると、「もしわたしにユーモアのセンスがなかったなら、わたしはとっくのむかしに自殺していたことでしょう」と答えたという有名なエピソードがある。

十四　ヤジュニャ＝犠牲[1]

わたしたちはたびたび「ヤジュニャ(yajna)」という言葉を使います。わたしたちは糸紡ぎを毎日のマハーヤジュニャ(mahayajna〔大祭祀・最大の犠牲。マハーは「大きな」「大」の意〕)に格づけしてきました。ですからヤジュニャという用語のもつさまざまな意味合いについて考えておく必要があります。

「ヤジュニャ(yajna)」というのは、世俗的なものにせよ精神的なものにせよ、報酬を望まずにおこなわれる、他人の幸福にささげる行為を意味します。この場合の「行為」は、もっとも広い意味で理解されなければなりません。つまりそれは、行動だけではなく、思想や言葉をも含みます。また「他者」も、人間だけではなく、生きとし生けるいっさいのものを含みます。それゆえ、またアヒンサーの見地からしても、人間の祭儀のためであっても、下等動物を犠牲に供するのはヤジュニャではありません。『ヴェーダ〔聖典〕』に動物犠牲が正当視されているとしても、そんなことは問題ではありません。

〔なぜなら〕そうした犠牲は、真理と非暴力の基本的な判断基準に耐えられないことがわかれば、それでじゅうぶんです。わたしは、自分のヴューダ学の知識の不足は素直に認めています。しかし、この問題にかんするかぎり、学問知識の欠如はいっこうに苦にはなりません――なぜなら、たとえ動物犠牲の慣習がヴューダ社会の特色の一つであったことがわかったとしても、それは、アヒンサーの信奉者には従うべき先例とはなりえないからです。

［このヤジュニャの定義からしますと］最高の犠牲は、最大地域の最大多数の人びとの幸福へと人びとを導く行為であり、しかも最大多数の男女が最小限の労苦でおこなえるような行為でなければなりません。それゆえ、どんな人であっても、他人の不幸を願ったり、悪意ある行ないをなすのは、それがたとえ、いわゆる世間の利益に役立つものであったとしても、ヤジュニャとは言えませんし、いわんやマハーヤジュニャなど、とんでもありません。また、ヤジュニャの範疇に入らないような行為は、すべて束縛を強めるものであることを、『ギーター』は教えております(2)し、また経験からもそれは確認されるところです。

世界は、この意味でのヤジュニャなくしては、一瞬たりとも存在できません。またそれゆえに『ギーター』は、第二章で真知を説いたあと、第三章でそれに至る方法《みち》をとりあげ、言葉を尽くして、ヤジュニャとともに創造そのものがおこなわれた(3)ことを明言するのです。ですからこの肉体は、いっさいの創造物に奉仕できるよう、ただそのために、わたしたちに与えられたのです。かくして『ギーター』は言います——ヤジュニャを献《ささ》げずに食物を口にするのは、盗んだものを食らうことだ(4)、と。清浄《きよらか》な人生をおくろうという人の行為は、その一つ一つがヤジュニャの性質をおびていなければなりません。ヤジュニャはわれわれが生まれ落ちたときから始まるものであり、われわれはみな一生涯、生命の借り手であり、〔それゆえに〕永久に世界に仕える義務《つとめ》があります。奴隷たちが彼らの仕える主人から食物や衣類、その他いろいろなものをもらうように、わたしたちは、世界の主《あるじ》からあてがわれる、そうした贈り物をありがたく受けとるべきです。わたしたちが受けるものは、贈り物と呼ばれなければなりません。なぜなら、わたしたちは借り手であり、自分の義務《つとめ》を果たしたからといって、報酬を受ける権利はないからです。ですから、報酬を得られなくても、主人を非難してはなりません。わたしたちの肉体《からだ》は神のものであり、かわいがられようと、無視されようと、神の意志《みこころ》のままです。それは不平を言ったり、悲しんだりする問題《こと》ではありません。それどころか、神のはからいのなかの自分のあるべき位置がわかりさえすれば、そのことは自然で、むしろ楽しく望ましい状態に思われます。この至福を経験したければ、なにはともあれ、強力な信仰心が必要です。「おまえ自身のことは、いささかも思いわずらうな。いっさいの悩みを神に委ねよ」――これは、すべての宗教の訓《おし》えのようです。

この言葉を聞いても、驚くにはあたりません。穢《けが》れなき良心《こころ》をもって自らを奉仕にささげる人は、日々その必要をいっそう理解し、ますます信仰心を豊かにすることでしょう。利己心を放擲《ほうてき》しようとしない人、また己《おのれ》の誕生の諸条件(5)を認めようとしない人、そういう人は奉仕の隘路《みち》を歩むことはできません。[このような人が提供する奉仕は、利己心に色彩《いろど》られたものになるでしょう。だからといって頭の先から足の先までまったく利己心のかたまりという人は、この世には稀れです。] 意識するしないは別にして、わたしたちのだれもが、なんらかの奉仕をおこなっています。もしわたしたちが、奉仕をおこなう習慣を意識的に身につけるならば、奉仕への意欲はいよいよ強まり、自分自身の幸福《よろこび》のためだけではなく、ひろく世の中の幸福のために貢献することでしょう。

バープーからの祝福を

一九三〇年十月二十一日
ディーワーリー祭〔灯火祭〕火曜日朝

（1） 本章は一読して、容易に理解しがたい箇所があると思われるので、つぎにヒンドゥー教のヤジュニャの思想背景について、ひとことコメントしておく――

「ヤジュニャ」の本義は、「祭祀・犠牲」である。すなわち神々に供物・犠牲を献げることによって、人間は幸福・多祥・子孫繁栄などを祈願し、いっぽう神々もまた、これを受けることによってみずからが創造した世界を維持し、持続する力を新たにできるとされた。ヤジュニャがバラモン教からヒンドゥー教へと、伝統的に重要視されてきたのは、『リグ・ヴェーダ』讃歌中とりわけ有名な「原人讃歌《プルシャ・スークタ》」〔一〇・九〇〕に語られたヒンドゥーの世界創造の神話に起源するといわれている。

神話によると、「千の頭、千の眼、千の足を有し、大地を覆いつくす原人プルシャが、自分の子供である神々を祭主に、みずからを祭獣として犠牲に献げたとき、もろもろの讃歌と祭詞が生じ、つぎに馬・牛・羊などの生類《しょうるい》が生まれ、彼の思考機能から月が、眼から太陽が、口からインドラ〔雷〕とアグニ〔火〕が、息からは風が」生まれたという。したがって犠牲祭は、いわば原人《プルシャ》の、この世界創造のいとなみの象徴的な模倣とされ、これによって創造の大事業に参入できるとされた。そしてこれが、古代バラモン教からヒンドゥー教に伝わる動物犠牲の論拠とされてきた。

言うまでもなくガンディーは、アヒンサー〔不殺生・愛〕の立場から、こうした動物犠牲をともなうヤジュニャの伝統的な習慣を真向から否定し、純粋な愛と信仰にもとづき、人類と世界の幸福のために自らをささげる「犠牲的行為」こそが真のヤジュニャであると、説いたのである。

(2)『バガヴァッド・ギーター』第三章(九)の「祭祀のための行為を除いて、この世の人々は行為に束縛されている。アルジュナよ、執着を離れて、その(祭祀の)ための行為をなせ」ほか参照。

(3)『バガヴァッド・ギーター』第三章(一〇)は言う――「造物主《プラジャーパティ》はかつて祭祀とともに生類《プラジャー》を創造して告げた――これ(祭祀)によって繁殖せよ。これが汝らの願望をかなえんことを」と。

(4)『バガヴァッド・ギーター』第三章(一二)には、つぎのように語られている――「神々に〔祭祀を〕捧げないで彼らに与えられたものを享受する者は、盗賊に他ならぬ。」

(5)ちなみにガンディーは、カースト制度による身分の上下や職業の貴賤には強く反対したが、ヴァルナ制度〔第九章註(4)参照〕にもとづく職業の継承は、むしろ社会秩序にとって不可欠であると考えていた。

十五　ヤジュニャ(承前)

先週ヤジュニャについて書きましたが、いま少し書き加えておきたいことがあります。人類とともに創《はじ》まった法則について考えるのは、たぶん、それなりに価値のあることだと思います。ヤジュニャは毎日四六時中、果たすべき義務《つとめ》であり、尽くすべき奉仕です。それゆえ、もし慈善という言葉になにか恩きせがましい臭がするならば、「善人の能力《ちから》は、つねに慈悲の目的《ため》に用いられる」といった諺は不適切です。欲望をいだかずに奉仕するといっても、〔しょせんは〕他者のためではなく、自分自身のためにするのです――ちょうど、借金の返済をするとき、わたしたちは自分のためにだけそれをするのであり、自分の肩の重荷をおろし、義務《つとめ》を遂行するのです。また、善人だけではなく、われわれみんなが、己《おのれ》のもてる力量《ちから》を人類のために供出しなければなりません。そして、これが人の歩むべき法則であるなら――確かにそのとおりですが――自己中心的な身勝手は生活から姿を消し、自己放擲《ほうてき》に道を譲ることになります。〔人間にとっては、自己放擲そのものが悦楽《よろこび》です。人間と動物の違いは、まさに自己放擲の義務《つとめ》にあります。」

　このように考えると、人生は面白みのない退屈なものとなり、芸術は奪われ、家長の存在意義はなくなるとある人びとは異議をとなえます。［しかしそのように言うとき、人びとは「自己放擲」という語を誤解していると、わたしは考えます。］ここに言う自己放擲は、世を捨てて森に隠棲するという意味《こと》ではありません。自己放擲の精神《こころ》は、人生のあらゆるいとなみにおよび、支配しなければなりません。家長が人生を自己満足の手段としてではなく義務《つとめ》とみなすのであれば、彼は家長であることをやめることはありません。［靴直しも、農夫も、行商人も、あるいは床屋もみな、彼らの仕事や活動を自己放擲の精神か、あるいはただ自己満足の欲望に促されておこなっているのです。］犠牲的な精神《こころ》をもって事業をおこなう商人たちは、何千万という金をその手で動かすでしょうが、もし彼が人生の法《のり》に従うのであれば、もてる能力《ちから》を奉仕のために使うことでしょう。したがって彼は、人を騙《だま》したり、投機的な事業に手を出したりすることはないでしょう。彼は簡素な生活に甘んじ、生類《しょうるい》を苦しめず、他人に損害を与えるくらいなら、むしろ多額の損失を身にひきうけることでしょう。このような商人は、ただわたしの想像《あたま》のなかにのみ存在すると、早合点しないでいただきたい。幸いにもこの世界には、東洋にも西洋にも、このような商人たちが存在します。たしかにそうした商人は、指折りかぞえるほどしかいないかもしれませんが、たとえ一人であっても生きた実例が見つかれば、そのときはすでに、その存在は仮想ではなくなります。わたしたちはみんな、バドワーンの慈善の心にみちた仕立屋(2)の話を知っています。わたしはまた、そうした床屋の一人をも知っています。それから、だれ知らぬ人のいない織工(3)の名を思い出します。問題に深く思いをいたせば、生きてゆくあらゆる職業の人びとのなかに、わたしたちは献身的な生涯をおくっている人たちに遭遇します。たしかに、こうした献身の人たちも、彼らの職業によって生計をたてています。しかし、生計を得ることが彼らの目的ではなく、それは彼らの天職の副産物にすぎません。モティーラール(2)は初めは仕立屋でしたし、そののちも仕立屋でありつづけました。しかし、彼の精神《こころ》は変わりました。そして信仰が彼の仕事になったのです。彼は他人の幸福《よろこび》を念じるようになり、その生活は真《まこと》の意味で芸術的になりました。

自己犠牲の生活こそは芸術の最高峰であり、真《まこと》の歓びにみちあふれています。「このような生活は、つねに新しく滾々《こんこん》と湧き出《いず》る歓びの源泉であり、それはけっして枯渇することはありませんし、飽きることもありません。」ヤジュニャは、人がそれを重荷に感じたり厄介に感じるようなら、もはやヤジュニャではありません。自己満足は破滅に、自己放擲《ほうてき》は不滅につうじます。歓喜はそれだけで独立して存在するものではありません。それはわたしたちの生活態度から生まれるものです。ある人は舞台の背景を楽しみますし、またある人は、つぎつぎに空中に出現する新しい景色を楽しみます。ですから歓びは、個人的、あるいは国民的な教育の問題とかかわりをもつことになります。わたしたちは、子どものころに楽しむことを教えられたものに歓びを見出します。それぞれに異なる国民の趣味・嗜好については、いくらでも例をあげることができます。

また多くの奉仕者たちは、自分たちは無私の奉仕に従事しているのだから、必要なものはすべて、また必要でないいろいろな多くの物も、民衆からもらってあたりまえだと考えています。このような思いが人の脳裏をかすめるとき、すでにその人は奉仕者ではなく、人民の圧政者になっているのです。

いやしくも、奉仕を志す人には、自分の安逸を慮《おもんぱか》る暇はありません。彼はそうしたことはすべて、主人《あるじ》の手に委ね、酬《むく》われるもよし、拒否されるもよしと考えます。したがって彼は、目の前のどんなものにも心を惑《まど》わされることはありません。彼はほんとうに必要なものだけを受けとり、他の物には目もくれません。その人は心に怒りをいだかず、平静であり、たとえ自分が不自由を強いられているとわかっていても、心中《しんちゅう》は冷静です。彼の奉仕は、美徳と同じように、そのものが報酬であり、彼は満足していられます。

それからまた、奉仕の勤めをないがしろにしたり、それに遅れをとってはなりません。私的な仕事は一途《いちず》に勤勉でなければならないが、公的な無償の仕事は、適当に、また時間の許すときにだけやればよいと考えている人は、奉仕の科学を根本から学ばなければなりません。自主的に他人に奉仕しようと志す篤志家は、自分のもつ最上のものをさしだす覚悟が求められます。そしてそれを自分の仕事をさしおいて先行させなければなりません。事実、純粋《まこと》の献身は、無条件に、人類への奉仕に生命をささげるものです。

バープーからの祝福を

一九三〇年十月二十八日、火曜日朝

(1) ヒンドゥー教では古来、「ドヴィジャ〔二度生まれる者＝再生族〕」と呼ばれる上位三カーストの男子の理想の生き方として、人生を大きく学生期・家住期・林住期・遊行《ゆぎょう》期の四つの住期〔階梯〕に分け、それらを段階的に経過して、最終目標である解脱に至るよう説かれてきた。すなわち学生期は、師のもとでヴェーダ聖典を学び、純潔な宗教生活をおくる人生の準備期であり、つぎの第二段階=家住期は、結婚して家長となり、家業にいそしみつつ、家庭のもろもろの祭儀をおこない、宗教的・社会的責任を果たす人生の活動期である。こうして家長としての義務《つとめ》を成しとげ、やがて髪が白くなり、体力に衰えを感じると、いよいよ林住期を迎える。求道者は世俗を離れて森に隠棲し、聖典の読誦《どくじゅ》に明け暮れ、清らかな禁欲の日々をおくる。さらに林住期を終えた求道者は、最終的に家と世界のいっさいを放擲し、一所不住の遍歴者として、梵我一如の最高の解脱の境涯を求め、それをたのしむ遊行期を生きるというのである。

ガンディーはここで、伝統的な四住期の教義をふまえながら、現実生活を生きる家長たちに、林住・遊行期は、時間的・段階的に進むべき理想ではなく、いま世俗に身をおき、自らに与えられた仕事にいそしみながら、同時に世俗を離れ〔あるいは超え〕、他者への献身と奉仕の清浄《きよらか》な日々を生きることこそが、まことの林住・遊行期であると説いたのである。

(2)　仕立職人モティーラールは、ガンディーの故郷カーティヤーワールのバドワーンに住む地方の慈善活動家として知られていた。ガンディーは、この人の清廉無私な献身ぶりに深く印象づけられ、一九一五年南アフリカから帰国して郷里に帰る途中、バドワーン駅で出会ったときの思い出を『自叙伝』〔第五部・第三章〕に書き記している。その後モティーラールは、毎月数日間をガンディーのアーシュラムで過ごすようになり、アーシュラムの同志たちの裁縫仕事をひきうけ、子どもたちにも裁縫を教えてよろこばれたが、病のため早世した。「モティーラールを亡くしたバドワーンは寂しくなった」と、ガンディーはその死を悼んだ。

(3)『全集版』に、「たぶんカビールを指すものと思われる」との註が付されている。カビールは中世〔十五世紀半ばから十六世紀の一〇年代まで〕を代表する聖詩人《サント》で、生涯を無学なムスリムの織工として過ごしたというが、イスラーム教スーフィー派の神秘思想と、ヒンドゥー教のバクティ信仰をみずからの思想と信仰のうちにみごとに合致させ、いちはやくヒンドゥー＝ムスリムの融和を説いた。

十六　スワデシー＝国産品愛用(1)

スワデシー(swadeshi)は、今日わたしたちに課せられた法《のり》〔行動規範〕です。精神《こころ》の法《のり》は、自然の法同様、あらためてそれを制定する必要はありません。なぜならそれらは、自《おの》ずから発動するものだからです。ところが無知やその他もろもろの理由のために、人はしばしばそれらを蔑《ないが》しろにしたり、違反したりします。そこで、道を踏みはずすことのないよう、誓約が必要になります。体質的に菜食に向いている人は、あらためて菜食主義を強化する誓いをたてるにはおよびません。なぜならその人は、動物性の食品を見ても食欲がわくどころか、嫌悪をもよおすからです。スワデシーの法は、本来は人間の本性にそなわっているはずですが、今日すっかり忘れ去られています。そこでスワデシーの誓約が必要となるのです。スワデシーは、その究極的・精神的な意味においては、世俗の絆からの魂の最終的な解放を意味します。なぜなら、この地上の寓居《いえ》〔肉体〕は、魂の自然な、あるいは永久の住処《すみか》ではないからです。それは、魂の旅路の行く手の妨げです。

すなわちそれは、魂が〔他の〕すべての生類《しょうるい》と一体化する途上に立ち塞がります。したがってスワデシーの信奉者は、他のいっさいの創造物《いのち》と一体化しようと努めるなかで、肉体の束縛から解放されることを求めるのです。

スワデシーのこの解釈が正しければ、信奉者はまず第一の義務《つとめ》として、身近な隣人たちへの奉仕に献身するでしょう。そうすることは、〔隣人以外の〕他の人たちの利益を度外視したり、犠牲にしているように見えるかもしれませんが、それらは傍目《はため》のことにすぎません。隣人への純粋な奉仕は、奉仕というものの性質そのものからして、結果的に遠くの人びとに仇《あだ》なすことではなく、むしろその逆です。「個人にたいするように、世界にも」というのは、不変の原則であり、それを肝に銘じることこそ賢明です。けれどもいっぽう、「遠くの景色」に惑わされるままに、世界の涯《はて》まで奉仕活動に駆けずりまわる人は、大志をくじかれるだけではなく、隣人への義務《つとめ》にも失敗するのです。ひとつ具体的な例をあげてみましょう。わたしの住んでいるある場所〔アーシュラムを指す〕で、わたしは隣人として某々たちと暮らしていますが、その何人かはわたしの親戚縁者で、わたしを頼って来た人たちです。彼らはみな、わたしに面倒をみてもらう権利があり「彼らには、その権利がありますが」、またわたしの援助と扶養を当てにしてよいと考えています。[2]〔ところが〕いま、もしわたしが不意に彼らみんなをほっぽり出して、遠隔の人たちの奉仕に出かけたとします。そうしたわたしの決意は、隣人や扶養者たちとのわたしの小さな世界を投げ出すことになるでしょうし、いっぽう、わたしの無償の義侠的行為はたぶん、新しい土地の空気を紊《みだ》すことになるでしょう。このようにして、わたしの身近かな隣人たちへの罪深いなおざりと、わたしが仕えたいと思う人びとへの心ない奉仕の押し売りは、スワデシーの原理へのわたしの違反行為の第一歩になるでしょう。

このような例はかぞえあげればきりがありません。それなればこそ、『ギーター』はこのように言うのです――「スヴァダルマ(swadharma〔自己の義務〕)を遂行して死ぬのがいちばんよい〔ナヴァジーヴァン版では「死ぬほうがよい」〕、パラダルマ(paradharma〔他人の義務〕)を闘うのは危険をともなう」[3]と。この言葉を物質界に当てはめて考えると、それはスワデシーの法を教えています。スヴァダルマについて『ギーター』の言うことは、ひとしくスワデシーにも当てはまります。なぜならスワデシーは、身近かな環境に適用されたスヴァダルマだからです。

スワデシーの原理が曲解されると、それこそ不幸な結果が生じます。たとえば、わたしが家族を喜こばせようとして、善し悪しを問わず、しゃにむに金儲けをしたなら、それはスワデシーの原理のこけおどしになります。スワデシーの法は、ひたすら正しい手段で、わたしの家族にたいするしかるべき義務《つとめ》を果たすことだけをわたしに求めます。そして、そのようにしようと努めるとき、普遍的な人間の行為の法則がわたしにも見えてくるのです。スワデシーの実践は、いかなる人にも害を与えることはありません。もしそういうことがあれば、わたしを行動へと突き動かしているものは、スヴァダルマではなく、自己愛です。

スワデシーの信奉者たちには、万人への奉仕のための祭壇に家族を犠牲に献《ささ》げるよう求められる機会が生じるかもしれません。このようなとき、すすんで家族を犠牲に供するのが、家族にたいする最高の奉仕となるでしょう。「自分の命を得ようとする者は、それを失い、主《しゅ》のために命を失う者は、かえってそれを得る」(4)というのは、個人にとってと同様、家族という集団にとっても、そのまま当てはまります。もうひとつ例をあげてみましょう。かりにわたしの村に疫病《ペスト》が発生し、伝染病の犠牲者を救おうとして、わたしも、妻子も、その他家族全員が生命《いのち》を失うはめになったとします。このばあい、これら身近かな最愛の人たちをわたしの活動に巻きこんだとしても、わたしは家族の破壊者たらんと行動したのではなく、反対に、真正《まこと》の友として行動したのです。スワデシーには、利己心の入りこむ余地はありません。すなわち、もしそこに利己心があるとしたなら、それは最高の愛他心と変わることのない、〔他者のために己《おのれ》をささげたいとの〕最高の利己心です。最も純粋な型でのスワデシーは、万人への奉仕の極致です。

このような線に沿って議論を推しすすめていくなかで、スワデシーの原理を社会に還元したばあい、カーディー(khadi〔手織木綿〕)の普及こそが必要、かつ最も重要な政策であると、わたしは気づいたのでした。今日インドにひしめく何千何百万という民衆がもっとも必要とし、まただれもが容易に理解し納得のできる、そのうえ実践しやすく、同時に何千万という半飢餓状態の同胞が糊口をしのぐことのできる、なにかそのような奉仕活動はないものだろうかと、わたしは自問していたのでした。そのとき、これら諸条件を充足できるのは、カーディー、つまり糸車の普及をおいてはないとの回答を得たのでした。

カーディーによるスワデシーの実践が、外国人やインド人の紡績工場主たちに損害を与えることになるだろうと考えてはなりません。悪業を断たれ、盗んだ資産を返却させられた盗人《ぬすびと》は、それによって害をこうむることはありません。それどころか、意識すると否とにかかわらず、彼は利得者なのです。同様に、世の麻薬常習者や大酒飲みたちが彼らの悪習を改めたとしても、客を奪われた酒場の主人や麻薬の売人は被害者とは言えないでしょう。彼らは言葉のほんとうの意味において受益者なのです。「罪の報酬」から身を退《ひ》くことは、当該者にとっても社会にとっても、けっして損失ではありません。それはまことの儲けです。

スワデシーの義務《つとめ》は、ともかく若干の糸を紡ぎさえすればよいと考え、その糸で作ったカーディーの服を着ることでこと足れりとするのは、思い違いもはなはだしい。カーディーの普及は、社会にたいしてスワデシーの義務《ダルマ》を果たす、絶対不可欠な第一歩です。世間ではよく、なるほど身にはカーディーをまとってはいるが、他の品物では外国製品にうつつをぬかしている人たちを見かけます。このような人たちは、スワデシーを実行しているとは言えません。彼らはただ世の風潮に同調しているだけです。スワデシーの信奉者は注意深く自分をとりまく状況に目をくばり、たとえ外国製品より品質が劣り、あるいは値段が高くとも、土地の製品を優先することで、できうるかぎり隣人たちを援助することになるでしょう。彼は商品の欠陥を改善しようと努めますが、欠点ゆえにそれらを見限り、外国製品を採用するようなことはしないでしょう。

しかしながら、スワデシーといえども、他の善行と同様、極端に崇拝されすぎますと、かえって自滅してしまいます。このことは、よくよく心しなければならない危険です。ただ外国の商品であるという理由《こと》だけで、外国製品を排斥し、間尺に合わない製品を自国に普及しようと、国民の時間と金を浪費しつづけるのは、犯罪的な愚行であり、スワデシーの精神にもとります。スワデシーの真正《まこと》の信奉者は、外国人にたいして悪意をいだくことはありません。言いかえれば彼は、世界中のいかなる人にたいしても敵対感情をもって行動することはありません。国産品愛用《スワデシー》主義は憎悪崇拝ではありません。それはこの上なく純粋なアヒンサー〔愛〕に根ざした無私の奉仕の教理です。

『ヤング・インディア』紙
一九三一年六月十八日号

（編者ノート）　スワデシーについてのこの論説は、一九三〇年にヤラヴァダー刑務所内で執筆されたものではなく、一九三一年一月の釈放後に、書かれたものである。ガンディーが獄中でこれを書かなかったのは、この問題は、禁じられた政治の領分を侵害せずに正しく論評できないと考えたからであろう。なお、グジャラート語の原文は、一九三一年五月二十一日に『ナヴァジーヴァン』紙に、ついでピアレラールの英語訳が、一九三一年六月十八日に『ヤング・インディア』紙に掲載された――V・G・D〔ヴァルジー・ゴヴィンドジー・デサーイ＝長年グジャラート大学(アフマダーバード)英語教授をつとめたが、のちガンディー運動に参加、『南アフリカにおけるサッティヤーグラハ』ほか、ガンディーの著作の多くの英語訳に従事した。〕

(1)「スワ＝スヴァ〔swa〕」は、もともと「固有の存在、個人の精神的傾向、本性」などを表わす哲学用語であったが、のち、一般に「自分(たち)の、固有の」といった意味に用いられるようになったという。「デシー〔deshi〕」は「土地、国」の意であるから、これら二語の合成語「スワデシー〔swadeshi〕」は、「自国の、土着の」ということになる。

この語がひろく政治用語として知られるようになったのは、一九〇五年にイギリス政府のベンガル分割案に反対して、激しい民族運動がベンガル地方からインド全土に広がったときである。時の国民会議党急進派の指導者、ティラク、ラーラー・ラージパト・ラーイ、ビピン・チャンドラ・パール、オーロビンド・ゴーシュらの提唱で、インド独立闘争史上はじめて「スワラージ〔自治〕」が民族運動のスローガンにかかげられたとき、自治獲得の具体的な戦術として「スワデシー」が叫ばれた。すなわち彼らは、民族が真に自立するためには、外国の産業や製品にたよらず、民族資本による産業の振興と土着手工業の復興こそが急務である、と説いたのである。

ガンディーはさらに、スワデシー運動の普及によって、国民に民族の自尊心を回復させ、イギリス製品——とりわけインドの土着産業破壊の象徴ともいうべき英国〔ランカシャー〕製の綿布をボイコット・焼却させ、これに代えて、土着の伝統的な紡ぎ車《チャルカー》による手織木綿《カーディー》を愛用するよう呼びかけた。しかも外国製品のボイコットや焼却を含むスワデシーが、戦術としては相当に過激《ラディカル》なものでありながら、非暴力の枠を越えなかったという意味でも、スワデシーは、ガンディーの意にかなったものであったといえよう。

(2)　インドの合同家族制においては、親戚縁者たちが互いに援助・扶養し合うのは、当然と考えられていた〔そうした風習も、昨今は合同家族制の崩壊とともに、だんだん後退しつつあるようであるが〕。ガンディー自身、父の死後、イギリス留学から南アフリカで弁護士として成功するまでの間、異母兄たちからの経済援助に負うところが大きかった。南アフリカ時代も、彼は生活の苦しかった従兄弟や遠縁の何人かをアーシュラムに誘い、生活を共にしたが、彼らの何人かはただ食客として無為に暮らしたのではなく、ガンディーの感化を受け、アーシュラムの中心的な奉仕者として、積極的に運動に参加した。

(3)　『バガヴァッド・ギーター』第三章(三五)の次の句の意訳である——「自己の義務《ダルマ》の遂行は、不完全でも、よく遂行された他者の義務に勝る。自己の義務に死ぬことは幸せである。他者の義務を行うことは危険である。」

(4)　新約聖書『マタイ伝』一〇—三九の聖句。

《解説》
ガンディー思想の源流をたずねて

森本達雄

「インド独立の父」として、国民の信望と崇敬を一身に集めていたマハートマ・ガンディーに向かって、あるとき一人の外国人新聞記者が「あなたのメッセージは何ですか」とたずねると、ガンディーは即座に「わたしの人生、わたしの生涯がわたしのメッセージです」と答えたという。たしかに、ガンディーの思想と行動の原理を知る最上の方法は、なによりもまず彼の生涯を深く読み解くことであろう。とはいっても、もちろんこの小さな解説で、二十世紀インドの歴史の創造者の多難な生涯を伝記的・年代的に詳細に伝えることはできないが、すくなくともガンディー哲学の総括、あるいは集大成と考えられる本書簡集に至るまでの「一介の真理の探究者」の人生の実験のあらましを瞥見しておく必要はあろうかと思われる。

ガンディーは本質的に敬虔な求道者・信仰者であったか、それとも先見的で有能な政治家であったかという疑問は、彼の生存中も死後もガンディー研究者たち――ガンディー好き《ファイル》、ガンディー嫌い《フォウブ》を問わず――のあいだで、しばしば繰り返され、論議されてきた問題である。そしてガンディー自身に向かって双方から同じ質問――すなわちガンディーにあっては、政治と宗教は両立するのか、それともいずれか一方が他に優先するのかという問いがなげかけられてきた。いまここでも、歴史教科書などでガンディーをインド独立運動の最高指導者と記憶している読者の多くは、本書を読んで同じ疑問をいだくことだろう。

　ガンディー自身、この疑問につぎのように明快に答えている――「わたしにとって、宗教なくしては政治はありえない――ただし、ここに言う宗教は、迷信や、互いに憎しみ合うような盲目的信仰ではなく、寛容の精神にもとづく普遍宗教のことである。道徳性や精神性のない政治は避けなければならない。」また言う――「わたしは宗教なしには一瞬たりとも生きられない。わたしの政治上の同志たちの多くは、わたしの政治行動までが宗教から引き出されたものだと言って失望する。まさに彼らの言うとおりである、わたしの政治も、その他いっさいの行動ももとをただせば、わたしの宗教から発したものだからだ」と。

こうしたガンディーをめぐって、同時代の若い革進的政治家たちは、彼が革命闘争の途上でしばしば「宗教」を口にすることに眉をひそめ、他方、彼を「マハートマ(偉大な魂)」とか「解脱の人」とするヒンドゥーの伝統的聖者崇拝の側面から景仰《けいこう》する学者や僧たちは、ガンディーが政治などという世俗の問題に熱中する姿を苦々しく思い、くやしがった。ここに、ガンディーに見る政治と宗教の関係をみごとに解き明かした一《ひと》つのエピソードがある――

あるとき、ガンディーのそうしたジレンマを知る一人の友人のバラモンが、「ガンディーさん、あなたも真理を一途《いちず》に求める求道者ならば、いいかげん、ここらで政治運動などにかかずらうのをやめて、ヒマラヤの洞窟にでもこもって瞑想三昧の祈りの生活をなさってはいかがですか」と、ヒンドゥー教徒の最高の理想とする出家遊行の生活を奨めたとき(この質問は、文字どおり善意から出た勧告であったか、いささか皮肉がこめられていたかどうかはわからないが)、ガンディーは苦笑しながらバラモン僧に答えた――「わたしは日夜、魂の解脱《モクシャ》と呼ばれる天国に至ろうと努めています。しかし、天国に入るために、わたしは洞窟にこもる必要はありません。わたしはつねに洞窟を担《かつ》いで歩いているのですから」と。まさに、なにをかいわんや、である(筆者はこの興味深いエピソードを、ノーベル平和賞の受賞者で「アフリカの密林の聖者」と呼ばれたアルバート・シュヴァイツァーの著書で読んだことを付言しておきたい)。

ガンディーは宗教者であったか、政治家であったか。このことをいちばん知りたがっていたのは、当時のインド政府の首脳だったかもしれない。非暴力などという前代未聞の風変わりな武器の挑戦を受けて立たなければならなかった彼らは、インドの指導者たちの政治意識や個性については、日頃からよく研究し、ガンディーについても初めは「無害で熱心な社会活動家」程度にとらえていたが、彼が自ら「イギリス帝国主義の反逆児」を名乗って出、第一回非協力運動を展開して以来、ガンディーの一挙一動を精査するようになっていた。いっぽう、人生そのものが「白日のもとに開け放たれた真理探究者」は、闘争を起こすときにも、いつ、どこで、どのような規模の運動を起こすか、事前に政府に通知し、不意打ちを食らわせるような卑怯なまねはしなかった。

こうしてガンディーに相対《あいたい》した歴代総督の何人かは、ガンディーの敬虔な信仰心と偽りのない人格を高く評価し、政治的見解の対立や相違を超えて、彼の言葉に信頼を寄せたが、対照的に何人かは、彼を宗教や道徳の仮面を着けたえせ政治家と揶揄し、寄せつけなかった。

ついでながらガンディーをもっとも毛嫌いしたイギリス人政治家は、日頃から「大英帝国の崩壊を受けもつ首相にだけはなりたくない」と豪語していたチャーチル首相だったと聞く。一九三一年に、後述する「塩の行進」のあと、アーウィン卿との会談にのぞむためにニューデリーの総督府の石段を登ってゆくガンディーの写真を見て、「かつてはロンドンのイナーテンプル法学院の弁護士であり、現在は煽動的苦行僧《ファキール》であるインド人が、半裸で総督宮殿の階段を登っていく吐き気をもよおすような屈辱的な光景」と言ったと伝えられている。

＊

ガンディーの七十八年の生涯は、おおよそ三期に分けることができる。すなわち第一期は、少年時代からイギリス留学を終えて弁護士資格を得て帰国、洋行帰りの野心に燃える青年弁護士として、さまざまな人生の挫折と苦汁をなめた人格形成期である。第二期は、そうした失意から這いあがろうと南アフリカに渡り、はからずも言語に絶する人種差別を身をもって体験し、在留インド人同胞の人権闘争に立ちあがり、やがて「サッティヤーグラハ」という非暴力による独自の不服従の抵抗方式を創造・実践した、いわゆる「南アフリカ時代」である。これは、二十三歳から四十五歳くらいまでのおよそ二十年間にあたる、来たるべきインドでの独立闘争の実験期であり、「マハートマ」への脱皮の季節である。そして第三期は、いよいよ祖国インドに帰って、世界最強といわれた大英帝国を相手に、全国的に民族運動を展開し、近代インド史上「ガンディー時代」と呼ばれた、一九一五年から四八年の独立の翌年に、七十八歳で同宗徒(ヒンドゥー教至上主義者)の凶弾に斃《たお》れるまでの三十三年間である。

マハートマ・ガンディー(本名モーハンダース・カラムチャンド・ガンディー)は、一八六九年(明治二年)十月二日に、インド西部のカーティヤーワール半島にひしめきあっていた小藩王国の一つポールバンダルに生まれた。ガンディー家は、インド固有の身分制度であるカーストでは、第三階級の庶民層「ヴァイシャ」のサブ・カーストの食料品を商う「モード・バニヤー」に所属していた。モーハンダースの祖父も父も、カーストや教育程度はかならずしも高くはなかったが、正義感の強い豪宕《ごうとう》な人柄と、すぐれた実務能力と政治手腕を買われて、王国の宰相《ディワーン》を務めたひとかどの人物であったらしい(ガンディー自身とカーストとの関係については後述する)。母は信仰心の篤い、やさしいしっかり者で、伝統的なインドの慣習にならう男系家族が一つ屋根の下で同居する「合同家族」のまとめ役として、すぐれた才覚を発揮した賢夫人であった。アメリカの著名な心理学者E・H・エリクソンが、人種・言語・宗教の坩堝《るつぼ》といわれた複雑なインド社会の国民の家長となったガンディーへの母の影響力を指摘しているのは注目される。

「モーハン」の愛称で家族のだれからも可愛いがられた幼少時代のガンディーは、極端なはにかみやで、学校の成績も中程度かそれ以下であったらしい（筆者は、ガンディーが中高校生時代を学んだ古都ラージコートを訪ね、彼が在学したアルフレッド・ハイスクールの壁に、けっして優秀とはいえない学業成績が貼り出されているのを見て、これも偉人の宿命かと、おもしろがった思い出がある）。少年ガンディーは、先生の渾名《あだな》はすぐに覚えたが、九九はなかなか暗記できない凡庸な生徒であったと、『自叙伝』の著者は想起している。ガンディーの『自叙伝』には、ほかにも、早く大人になりたいという好奇心から煙草《タバコ》を吸うことをおぼえ、小遣い銭欲しさに召使《サーバント》のポケットから小銭をくすねたり、悪友に誘われるままに、信仰深い父母に隠れて、敬虔なヒンドゥー教徒がもっとも忌《い》み嫌う肉を口にしたことなど、少年時代の冒険譚や失敗談がつぎつぎに白日のもとに晒《さら》されている。肉を食べた日の夜は、さすがに悪夢にうなされたという告白はおもしろい。

名著『ガンディー伝』（邦訳『ガンディー――インド独立への道』（上下巻）森本訳、第三文明社)の著者B・R・ナンダは、ガンディーのこうした少年時代の物語を評して書いている——ガンディーも世の常の子どもたちと同じ間違いや脱線をしながら成長したが、ただひとつ違っていた点は、「その冒険の終わり方」であった。すなわちガンディーのばあいは、二度とこのようなことはすまい、と心に誓うと、生涯同じ過ちを繰り返すことはなかった、と。

B・R・ナンダは、そんな目立たない引っ込み思案なモーハン少年に、後年の「マハートマ」の片鱗を垣間見る一つの興味深いエピソードを伝えている。ある日モーハンは校長室に呼び出された。校長は厳しい顔で「きみは土曜日の放課後の体育の授業に出なかったらしいが、なぜだね」と、欠席の理由を詰問した。「ぼ、ぼくは病気のお父さんの看病をしていたんです、ぼくは時計をもっていません、雲のために時刻がわからなかったんです。ぼくがあわてて授業に出たときには、クラスのみんなが帰ったあとでした」と、モーハンは弁明したが、校長は耳をかさず、「きみは嘘をついているな」と、ぶっきらぼうに叱った。モーハンは、嘘をついていると言われたことがよほど悔しかったらしく、とうとう我慢しきれずに大声で泣いた。少年は正直に答えた自分を信じていたが、校長をどう説得すればよいかわからなかった。モーハンは欠席についてはどんな罰を受けてもよいと覚悟していたが、校長の言葉は体罰よりもこたえた。モーハンはこの事件を考えつづけ、ついに「つねに真実であろうとする者は、つねに慎重な人でなければならない」との結論に到達した。ガンディーは二度とふたたび、相手から嘘をついたときめつけられるような弁明はすまい、と心に誓ったのである。この決意が、後年のガンディーの重要な政治上の信念の一つになった。

十三歳のときガンディーは、当時のインドの幼児結婚の風習に従って、親どうしが昵《じっ》懇《こん》の仲であった近所の同《おな》い年の少女と結婚するが、幼い新郎新婦にとっては、結婚式は「晴れ着を着たり、太鼓を鳴らしたり、大勢の人たちといっしょにご馳走を食べるお祭り騒ぎ」にすぎなかった。以来六十年、妻カストゥルバーイは、夫であり家長であり、同時に国民の「バープー(お父さん)」であったガンディーに影のように寄り添い、ひたすら夫をとおして国民の「バー(母さん)」として献身した。あるとき、一人のインタヴュアーが彼女に「あなたは、あのような偉大な人物と生涯を共にしてきて、なにかとくに心がけてきたこと、配慮してきたことはありますか」と質問したところ、母《バ》さん《ー》は「今日一日、夫が風邪をひかずに活動してくれますようにと祈っているだけです」と答えたという。ガンディーは、自らの幼児結婚をとおして体験した少年時代の複雑な、歪んだ性体験から、後年この習慣には批判的であった。しばしば社会学者や心理学者たちから指摘されるガンディーの性についてのストイックな潔癖さ(本書第三章「ブラフマチャリヤ」参照)は、少年時代の特異な性体験に起因するともいわれている。

三年後父を亡くしたガンディーは、学業成績もだんだんよくなり、大学入学資格試験に合格して、近隣の藩王国の大学に進学した。ところが、田舎のハイスクール出身者には講義に使用される英語がかいもく理解できず、一学期を終えるころにはすっかり勉学意欲を失い、郷里に帰ってしまった。ガンディーが人生で、とりわけ青年時代にいくたびかなめた最初の挫折であった。一家の期待を一身に負って大学進学を果たした若者の失望は大きく、青年は悶々と暗い日々を過ごさなければならなかった。そんなある日、父の知り合いであった一人のバラモンから、父のような立派な宰相《ディワーン》になるためには、これからはイギリスで弁護士資格をとるのがいちばんの近道だと、留学を奨められた。失意のどん底にあったガンディーは、この言葉に励まされ、早速に奨学金の獲得に奔走を始めるが、大学中退の負け犬に餌を与えてくれる制度も個人《ひと》もなく、途方に暮れていた。幸い、腹違いで父親代わりの兄が、なんとか留学費を工面してくれることになるが、最大の難問は、ヒンドゥーの聖地を離れて「黒い水(海)」を渡り、異宗教の国へ行くにあたって、ヴァイシュナヴァ派（ヒンドゥー教の主神の一つヴィシュヌ神を信仰する熱烈信仰派）に属する敬虔な母をどのように説得するか、であった。母の心配は、末っ子のモーハンが父祖伝来の宗教の慣習にそむいて、肉を食らい、酒を飲み、葉巻きをくゆらせて、外国語を日常語にする洋行帰りの都会の弁護士先生のような人間になることであった。そこでガンディーは、母の前で「酒・女・肉」にはいっさい近づかぬことを誓い、ようやく母の許しを得て、ボンベイ（現ムンバイ）にやってきた。ところがこんどは、同じカースト社会の長老たちから、異人の国へ行くならカースト社会を破門するぞ、と脅された。郷里のラージコート高校で催された送別会では、用意しておいた短いスピーチも口ごもってうまく読めなかったはにかみやのガンディーが、このとき長老たちを前にして、「カースト会議はこの種の問題に関与すべきではないと思います」と、きっぱり言ってのけたのである。当時のヒンドゥー社会では、カースト追放は社会の「無宿者」「はみだし者」になることを意味する死活の問題であったが、ガンディーはかまわず毅然として初心を貫き、イギリスへ向かった。その後も、あの内気ではにかみやのガンディーが、ここ一番というときには、すなわち自らの信念を語るときには、急に人が変わったように雄弁になったと伝えられている。

イギリス留学中のガンディーは、いじらしいまでの情熱をもって、留学前に母と交わした約束の履行に努めるいっぽう、当時のアジアからの留学生の多くがそうであったように、一時期ではあったが、完全に西洋文明の熱病に罹患してしまう。その病状たるや、かなり重症で、想像するだに吹き出してしまうほどである。

まず、母と交わした三項目の誓約であるが、酒と女については、生来が小心で潔癖な質《たち》であったガンディーには、ほとんど問題はなかったが、肉食の忌避は容易ではなかった。それは渡航の船中から始まった。船客たちは、周到に肉食を避けようとするインド人青年に、これから行こうとしている国はインドとは違って、寒い国であり、肉食は健康上の理由からも不可欠だと翻意を促したが、ガンディーは食堂にも行かず、船室の片隅で、故国《くに》から持参した果物や菓子で飢えをしのいだ。上陸後は、状況はいっそう惨憺たるものであった。イギリスでは直接肉の塊りを口にしなくても、提供されるどの食べ物にも、たとえばスープひとつにしても肉とは無縁でなかった。下宿のおかみさんは、この風変わりな滞在者に手をやき、友人たちは「無学な、現地の事情を知らないお母さんとの約束を守ることに、どれほどの価値があるんだね」と、親切心から翻意を奨めたが、ガンディーは頑として耳を借さなかった。そのために、彼は「ほとんど飢え死にしそうになって」、インドでならどんな田舎町にもある菜食主義者用レストランを探して、ロンドン中を歩きまわった。ようやく一軒の目的のレストランを見つけたときのことを、後年彼は、「それを見つけたときには、幼な児が欲しい欲しいと思っていた物を手にしたときのように驚喜した」と回想している。当時のガンディーは、まだ菜食主義を信条としていたわけではなく、母への真実《まこと》、愛のしるしとして肉食を拒否したまでである。E・H・エリクソンの言葉を借りれば、「生家から遠く離れれば離れるほど、誓いは母とつながる実感としての絆《きずな》になった」のである。

さらに興味深いのは、誓い、約束の解釈をめぐるガンディー一流の解釈である。彼は初め、母と交わした菜食主義の内容を自己流に理解し、肉は食べないが卵ならいいだろうと考えていた。ところがあるとき、「誓いに自分の勝手な解釈を加えるのは、誓いの相手にたいする裏切り行為である」ことに気づき、誓いとは、それを交わした相手、言いかえると、ここでは母の考える菜食主義に従わなければならない、と考えたのである。以来彼は、母の意味する菜食主義、卵をも口にしないもっとも厳格な菜食主義をつらぬくことになった。

つぎに、イギリス留学中のもうひとつの注目すべき出来事は、後年、近代機械文明を痛烈に批判し、その害毒を弾劾したガンディーが、一日も早く先進社会の一員になろうと、彼自身の言葉を借りると、「イギリス人よりももっとイギリス人になる」ために、服装や身だしなみに凝《こ》り、先進社会の教養を身につけようと、雄弁術にはじまり、はてはヴァイオリンやダンスのレッスンまで受けるという熱心さであった。当時を偲《しの》ばせる黒のスーツに襟高のシャツを着込み、シルクハットとステッキを持った一枚の写真からは、どうしても後年の、ガンディーといえばだれもが思い出す白い腰布姿の肖像を連想することはできない。

ガンディーを読んでいて思うのは、この人の人生の振り子の振幅の大きさである。あれほど文明病の熱にうなされていたガンディーが、やがて鏡の前に立って、己の恥ずべき「猿真似」の愚《ぐ》に気づくと、早々に、西洋社会の俗物根性《スノベリー》と訣別する。文明受容のために故郷の兄からの仕送りを惜しげもなく浪費していたガンディーは、ある日から暮らしをぎりぎりまで切りつめ、弁護士試験の合格を目ざして涙ぐましい勉学を始めたのである。お蔭でガンディーは、三年たらずで、ロンドンのイナーテンプルの弁護士試験に合格することができた。

一八八九年、イギリス滞在中にガンディーはパリの万国博覧会を見物に行き、博覧会最大の呼び物であったエッフェル塔に登った。そのときの印象を、後年彼はこのように書いている――「エッフェル塔にはなんら芸術的な美しさはなかった。……人びとは群がって塔を見上げ、それがただ珍しくばかでかいものであるので塔に登る。それは博覧会のおもちゃである」と。ここにわれわれは、早くも後年の彼の文明弾劾の書『ヒンド・スワラージ』(邦訳『真の独立への道』田中敏雄訳、岩波文庫、抄訳『ヒンド・スワラージ』森本訳、講談社『ガンディー』収録)のテーマとなった西洋文明批判の第一声を聞くのである。

いっぽうガンディーのイギリス留学中の特筆すべき体験は、西洋文明の中心地ロンドンで、自国では開こうともしなかったヒンドゥー教の聖典『バガヴァッド・ギーター(神の歌)』を繙《ひもと》き、仏陀の生涯をたたえたエドゥイン・アーノルドの『アジアの光』を熟読して、自己の内部《うち》深くにひそんでいた民族の魂に目覚めたことである。同時に彼は、敬虔なキリスト教徒の友人たちの奨めで『新約聖書』にもしたしみ、とりわけイエス・キリストの教えの神髄といわれる「山上の説教(山上の垂訓)」を繰り返し愛読した。ガンディーは生涯、自宗ヒンドゥー教の教義や慣習の欠点や短所を知りながら、「一人のよきヒンドゥー」であろうと努め、他宗教に改宗することを拒否したが、それは、すべての宗教は「唯一なる真理」への異なる道であるとの信念を強めていったからであり(第一章「真理」参照)、宗教間の優劣を論じ、他宗を非難し憎悪することの愚かさと危険に、早くから気づいていたからである。ガンディーによれば、「一人のよきヒンドゥー教徒」は、「一人のよきキリスト教徒」「一人のよき仏教徒」「一人のよきムスリム(イスラーム教徒)」とひとしい。いずれの宗教も目的は真理(第一章)であり、目的に至る道は非暴力(第二章参照)である。彼は「世界宗教」を夢みたが、それは諸宗教の長所と思《おぼ》しきものの寄せ木細工的な折衷宗教ではなく、それぞれの民族や歴史や文化の相違にもとづく諸宗教が、寛容と相互への尊敬による「根本宗教」の一如《ユニテ》を信じることである(第十、十一章「寛容即宗教の平等」参照)。「世界には一つの根本宗教が存在するだけである」との共通認識に立つとき、宗教間の葛藤や剣は無用になるだろう。「宗教はたくさんの枝を生い茂げらせる一本の大樹である。枝として見れば、宗教は数多く、樹として見れば、一つである。」これがガンディーの世界宗教へのメッセージであった。このユニークなガンディーの宗教観(第十・十一章参照)の登攀は、若き日のイギリス留学期に始まり、その後南アフリカでも一歩一歩前進し、ついにインドにおけるアーシュラムの最重要な生活信条(戒律)の一つとして結実したのである。

こうして、念願の弁護士資格を取得して帰国したガンディーが、ボンベイの波止場に出迎えてくれた兄の口から最初に聞いたのは、留学中の母の死であった。「その知らせは、わたしにとっては激しいショックであった。……わたしの悲嘆は、父の死のときよりも大きかった」と、ガンディーは心中を告白している。彼は、母との再会は果たせなかったが、母との約束を必死で守りとおしたことは、せめてもの慰めであった。

前途洋々、期待に胸をふくらませて帰国した青年弁護士は、兄や友人たちの協力で、西インド最大の商業都市ボンベイに出て法律事務所を開設した。しかし、なんといっても経験が物を言うこの世界では、人生経験の乏しい、洋行帰りの駆け出し弁護士のもとにクライアントからの依頼はなく、おまけに、当時この業界で一般的であった依頼人の斡旋業者に礼金を支払うという慣習を拒んだため、ガンディーは事務机で爪をけずっていなければならなかった。

そんなとき、ようやく小さな民事訴訟の弁護依頼がまいこんできた。ところが初舞台となった小法廷で原告側の証人に反対尋問をしようと立ちあがったとき、またぞろ、生来の内気さのために頭の中が真っ白になり、まるで法廷全体が揺れているように感じた。初陣の若武者は、その場に頭をかかえて坐りこみ、弁護料を下級弁護士に手渡すと、法廷を飛び出してしまったのである。ガンディーはまたもや(大学を中退したときのように)、すごすごとうなだれて、故郷の家に帰らなければならなかった。青年ガンディーが体験した第二の人生の挫折であった。

＊

実家《いえ》に帰って兄の代書業の手伝いをしながら、妻と息子とのささやかな暮らしがようやく軌道に乗りはじめたとき、思いがけず、南アフリカで手広く商売をしていた兄の知人の経営するインド人商会から顧問弁護士(というと聞こえはよいが、実体は英語のできると事務員ということであったらしい)の口がかかった。契約は一か年ということで、年齢《とし》からすれば年俸もさほど悪くはなかった。ガンディーはともかくみじめな現状から脱出し、留学費の一部でも兄に返済できるかと思うと、一も二もなくこの申し出を受け容れた。心機一転、人生の新天地で一旗揚《ひとはた》げようとの野心に燃えて、妻子を残し、単身ガンディーは、やがて「マハートマ」誕生の地となった運命の地《くに》へと旅立った。時にガンディー、二十四歳であった。

ところが、希望に胸をときめかせ、イギリス仕立てのフロックコートを着込んで、颯爽と南アフリカの門戸ダーバン港に降り立った若きインド人弁護士を待ち受けていたのは、想像を絶する忌《い》まわしい人種差別であった。ここではインド人はだれも、医者も教師も富裕な商人も、苦力医者《クリー・ドクター》、苦力教師《クリー・ティーチャー》、苦力商人《クリー・マーチャント》と呼ばれて蔑《さげす》まれ、白人支配者たち(イギリス人とオランダ系移民の子孫〔ボーア人〕)から、黒人現住民につぐ人種差別を受けていた。ガンディーの生涯の第二期「南アフリカ時代」の舞台は、このようにして幕が開けた。やがてガンディーは、「神を見失った土地《くに》」で、神を見出し、「マハートマ」へと脱皮していったのである。

南ア上陸数日後に、ガンディーは商会の所用で首都プレトリアへ出張することになった。会社は彼のために一等の乗車切符を手配してくれていたが、途中の駅で後から乗り込んできた白人客が、有色人種の乗客が車室《コンパートメント》で本を読んでいるのを見とがめて車掌を呼び、同室客を貨物車へ移させようとした。ガンディーが命令を拒否すると、公安官がやってきて、抵抗するインド人乗客を荷物もろともプラットホームへ放り出した。ガンディーは高地の夜の寒さに震えながら、裸電球一つの薄暗い駅の待合室で一夜を明かさなければならなかった。そして彼は、「わたしは権利のために闘うべきか、それともこのままインドへ引き返そうか」と真剣に考えたが、郷里ラージコートでのあの肩身の狭い息苦しい日々を思い、「約束の一年間はこの地に踏みとどまろう」と決意した。ガンディーはこの事件を「生涯でいちばん創造的な体験であった」と回想しているが、この体験は、彼の人生のコースを一八〇度転換させる決定的な契機となった。

一年契約で海を渡った南アフリカでの、言わば世俗的野心に始まった、人生の腰かけ的動機が、やがて二十年余におよぶ長期の同胞への奉仕活動へ、さらには祖国インドでの独立闘争へとつながっていった。後年ガンディーが『自叙伝』の執筆に先がけて『南アフリカでのサッティヤーグラハの歴史』(邦訳、田中敏雄訳、平凡社)を彼の刊行する新聞に連載したのは、インドでの独立闘争の原型として、南アフリカのサッティヤーグラハを彼の同志や民衆に伝えたかったからであろう。

当時の南アフリカは、イギリス植民地領二州と、ボーア人の支配する二つの自治領から成っていたが、白人たちは、鉱山や農場での労働力の必要をインド各地からの輸入によってまかなっていた。とはいえ、労働力は求めるものの、移住民に平等の市民権を与え、定住させることは望まなかった。そこで労働者たちを使い捨てにするために、公民権の剝奪、人頭税の徴収、指紋登録法、インド式婚姻の無効法(ヒンドゥー教徒やムスリムの伝統的な婚姻を非合法とし、キリスト教ならびに役所の登録のみを合法とする)など、これでもかこれでもかと上程される差別法にたいして、ガンディーは知識層や商人たちばかりではなく、貧しい無学な農民や坑夫と彼らの家族までも率いて、粘り強い非暴力の抵抗を試み、共に牢獄に向かって行進しつつ、悪法を一つずつはねかえしていったのである。

ガンディーは考える――政府の強大な権力と軍事力に対して、素手の民衆が肉体的な暴力をもって戦いを挑んでも、強大な武力に勝利することができないのは言うまでもない。暴力《ちから》に対して暴力ではなく、非暴力《アヒンサー》、すなわち、精神の力をもって立ち向かう以外に道はない、と。ここでガンディーの説く非暴力とは、たんに相手(敵)に対して手を振りあげず、物理的な圧力を加えないというだけの消極的・否定的な方法《みち》ではない。それは、愛と自己犠牲をとおして、相手に己の非を気づかせる、言いかえれば、自己犠牲をとおして人間的良心を喚び覚まし、振りあげた手をおろさせる積極的な愛の行為である。第二章「アヒンサー」の註(1)にも記したように、アヒンサーの宗教的戒律は、インドでは古来仏教やジャイナ教の伝統的な教義(五戒)の一つとして、信者たちのあいだで尊ばれてきたが、ガンディーはそれを個人的な修行者の徳目から、大衆運動の指導原理へと高めたのである。

ガンディーによると、そもそもアヒンサーには二種類がある。すなわち一つは「勇者の非暴力」であり、他は「弱者の非暴力」である。いずれも外見的には、暴力を自制し、腕力に訴えないという意味では同じに見えるかもしれないが、両者のあいだには海と山ほどの相違があり、同じではない。圧制者の不遜や傲慢、鞭打ちや投獄にたいして、心に瞋恚《しんい》と復讐心を燃えたぎらせ、目を真っ赤にし、握りこぶしを震わせながら、力劣るがゆえに暴力に訴えることができず無抵抗でいるのを、ガンディーは「弱者の非暴力」と呼んだ。これにたいして、相手の非礼や暴力に耐えつつもそれを寛恕《ゆる》し、ときには敵にまさる腕力を有しながら、暴力を悪とみなして否定し、悪に加担することを潔《いさぎよ》しとしないがゆえに暴力の道を退け、非暴力を選択・実践する。これをガンディーは「勇者の非暴力」と名づけたのである。彼は言った――

「非暴力は人類に託された最大の力である。それは、人間の創意の才によって生み出された最強の武器よりももっと強大である。破壊は人間の法《のり》ではない」と。

また彼は言う――

「わたしは夢想家ではない。わたしは実際的な理想主義者であると自認している。非暴力の宗教(信条)は、たんに〔古代の〕賢人《リシ》や聖者たちのものではなく、ひとしく一般人のものである。暴力が獣類の掟《おきて》であるように、非暴力は人類の法《のり》である。獣類にあっては精神は眠っており、そこでは体力《ちから》の掟だけが罷《まか》り通る。これにたいして人間の尊厳は、より高度な法に、すなわち精神の力に従うことが求められる。」

ガンディーが「無畏(怖れなき心)」をアーシュラムの戒律の一つ(第七章)にしたのはこのためである。

南アフリカでのガンディーの二十年間にわたる闘争の日々は、このようにして、ひたすら非暴力思想の発見と成長、実践にささげられた。ガンディーは初め、この闘争をトルストイにならって「受動的抵抗(Passive Registance)」と呼んでいたが、「受動的」という語はいかにも消極的なように思われ、しっくりこない。非暴力者は権力者の前で請願を繰り返すだけではなんの力にもならない。請願は、相手に聞く意志があるときはまだしも続ける希望《のぞみ》はあるかもしれないが、相手にその意志がなければ、それこそ馬の耳に念仏である。その後ガンディーは、アメリカの著名な思想家で市民抵抗運動の指導者としても知られるヘンリー・ソローの「市民的不服従(Civil Disobedience)」という語を借用したが、やはり彼の唱える「非暴力＝愛」の積極性を表わすにはものたりない。そのうえ、この運動を名実ともにインド人の民衆運動にするためには、運動に従う文字の読めない無学な農民や労働者たちにも直接理解できる自国語を用いたいと考えた。そこでガンディーは、自らの刊行する週刊紙『インディアン・オピニオン』で、この闘争に適した呼称を一般から募集した。集まった標語のなかに「サダーグラハ(Sadagraha〔真理の主張、固執〕)」という一語を見て、膝を打った。そしてその語はさらに「サッティヤーグラハ(Satyagraha〔真理をつかんで離さない、真理の執拗な堅持〕)」というガンディー自身の造語におきかえられた。そしてこの語は、その後のガンディーの生涯をつらぬく非暴力の不服従運動のキーワードとなった。

*

一九一五年一月に、ガンディーは南アフリカでの闘争にひとまず結着をつけて、ようやく祖国インドに帰った。二十二年前に、新天地南アフリカでの成功を夢み、「人生の運だめし」に旅立った世俗的な青年が、いま同じボンベイ埠頭に「完全な無所有の人」として、手ぶらで降り立ったのである。彼が南アフリカから持ち帰ったのは、これからインドで試そうとしていたサッティヤーグラハの戦術だけであった。

ガンディーが南アフリカで活躍した二十年間は、その後の彼の政治人生にとって、けっして無益な回り道ではなかった。というよりも、もし彼がイギリス留学から帰って、ただちにボンベイのような大都市に出て、著名な先輩たちのように、弁護士を業としながら祖国の自治運動とかかわっていたならば、たぶんインド最高の政治集団であった国民会議党の領袖の一人、あるいは出身地グジャラートの著名な地方活動家として、この人らしく与えられた任を誠実に果たしたことと思われるが、インド史に名を残す民族の指導者にはならなかった、というよりもなれなかったろう。彼が若干二十三歳で南アフリカに渡り、ただちにインド人居留民の中心的指導者になりえたのは、同地がインド人の民権運動の「新天地」であったからである。「神を見失った土地《くに》」に「人生の新天地」を求めたガンディーは、はからずもそこで独自の闘争方法を発見し、それを祖国に持ち帰ることができたのである。

　ここでもうひとつ重要な問題を指摘しておきたい。初めに述べたように、ガンディー家がヒンドゥー・カースト制度の第三カースト＝ヴァイシャ（庶民階級）に所属していたことについてである。あれほどカーストの身分にうるさいヒンドゥー社会にあって、どうしてガンディーが帰国後わずか数年という短い年月のうちに民族運動の最高司令官たりえたかを問う外国人研究者は多い。この疑問は、南アフリカでブラフマチャリヤ（純潔)の誓いをたて、やがてインドに帰って「マハートマ」と呼ばれる聖者として国民的尊敬を集めた彼の生きざまによって説明されよう。ヒンドゥー教では「サンニャーシン(出家遊行者)」は、出身カーストにかかわりなく、宗教的人格として崇敬される。ましてや「マハートマ」の尊称(一説によると、彼を最初に「マハートマ」と呼んだのは、国民的詩人ラビンドラナート・タゴールであったという)で知られたガンディーの存在は、カーストの上下や序列を超えた、文字どおり「横超」(浄土真宗で説かれる意味ではなく)の人であった。ガンディー自身は、そのような仰々しい尊称よりも「ガンディージー」(「ジー」は日本語の「さん」にあたる日常的な敬称)」と呼ばれることを好んだというが、民衆は彼を「マハートマ」と呼ぶことに、むしろ誇りと喜びを感じていたのである。もちろん、歴史家たちが指摘するように、新人《ニュー・フェイス》ガンディーのインドの政治舞台への登場は、B・G・ティラクの死など、当代第一級の先輩政治家たちの不在という偶然と重なった事実《こと》は無視できないが。

　後年ネルーは、ガンディーの登場を『自叙伝』にこのように回想している——「彼はまさに一陣の涼風のように、われわれに大きく胸をはらせ、深々と呼吸させた。彼は闇に射し込む一条の光明のようであり、われわれの目からうろこを取り去った。彼はまた旋風のようであり、多くのものを、とりわけ民衆の心のいっさいを一変させた」と。

＊

ガンディーは南アフリカ時代に二度、闘争の長期化に備えて、貧困な運動参加者たちの生活を支えるために、自給自足の共同農園を設立し、同志たちと共に汗を流して土を耕し、手仕事に従事し、それぞれが互いの信仰を尊重しつつ、サッティヤーグラハの担い手となるべき人材の育成に努めた。彼はまた、農園を闘争の拠点として週刊紙『インディアン・オピニオン』を発行して、世論を啓蒙し、一般民衆の教化活動に励んだ。そしてこの方式は、インドでも踏襲され、ガンディーはサーバルマティーとワルダーで二度（厳密に言うと、サーバルマティーに移る前にも短期間であったが、もう一か所）アーシュラム（修道場）を建設した（第十一章註（1）参照）。

ガンディーはインドに帰っても、すぐには民族運動に着手せず、最初の一年は、師ゴーカレの勧めに従って、「耳は聞くが、口を閉じ」て、久しく不在にしていた祖国の実情を知るべく全国津々浦々まで行脚してまわった。この急《せ》かず焦《あせ》らぬ人生態度は、この人固有の信念から来るものであったらしい（ちなみに晩年、死期が近づきつつあった時にも、彼は己のなすべき義務《つとめ》を一日一日悠然と落着いて実行していた)。この戦闘準備期間中にガンディーが真っ先に手がけたのは、南アフリカから彼に先立ってインドに帰国していたフェニックス農場の何人かの同志や子どもたち(子どもたちは詩人タゴールの学園《アーシュラム》に一時身を寄せていた)のために、まず居住するアーシュラムを設立することであった。やがて全国各地から、ガンディーの非暴力思想に共鳴する入居志願者が集まり、二十数名で出発したアーシュラムは、たちまち数を増し、一時期、入居者数、二百数十名をかぞえた。彼らは入居にあたって、真理・アヒンサー(非暴力)・ブラフマチャリヤ(純潔)・不盗・無所有ほかの誓いをたて、国民に奉仕するために同じ釜の飯を食い、一家族として生活した(第四章参照)。そしてアーシュラムの「独房ほどの小さな一室」が、やがて全国的な反英運動の中央指令本部になったのである。

インドに帰ったガンディーは、それぞれ一九二〇年、三〇年、四〇年前後の、ほぼ十年おきに三たび全国的に大規模なサッティヤーグラハ闘争を指導し、一九四七年八月に念願の祖国の独立を達成した。インドでのこの三十年余は、インド近代史上「ガンディー時代」あるいは「サッティヤーグラハ闘争期」などと称されている。いまここでは、この間の歴史的事件についていちいち詳述する暇《いとま》はないが、いわゆるガンディー時代を象徴する記念碑的事件の一つとして思い出されるのは、一九三〇年三月の第二回非協力運動の幕明けとなった「塩の行進」である。闘いはこのようにして始まった――

　十年前、せっかく盛りあがった第一回非協力運動を、遠隔の一地方の少人数の住民の暴力的不祥事を理由に停止したガンディーは、六か年の禁錮刑を宣告されたが、獄中で急性盲腸炎に罹《かか》り、危《あやう》く一命をとりとめたあと、刑期を満了せずに釈放された。しかしガンディーは、彼一流の騎士道精神にもとづき、定められた刑期を終えるまでは自らを「自由の身」とはみなさず、政治の第一線から身を退《ひ》き、もっぱら紡ぎ車と手織り木綿の普及、農村産業の振興、不可触民制の撤廃(第八章参照)、ヒンドゥーとムスリム両教徒の融和、基礎教育の徹底(文盲の撲滅)、女性の地位向上など、いわゆる「建設的プログラム」にもとづく地道な社会改善運動に従事しつつ好機到来を待っていた。いっぽうイギリス政府の「統治法の改正」に反対する国民会議党の呼びかけで、国民のあいだにしだいに「完全独立《プルナ・スワラージ》」を要求する気運が高まり、ガンディーは「国民の脈搏にじかにふれながら、いよいよ行動を起こすべき時機《とき》が熟しつつあることを直観していた」。しかし、広大なインド亜大陸(現パキスタン、バングラデシュを含む)に散在する言語・民族・宗教・習慣を異にする多様な国民の夢と願望《ねがい》をどのようにして結集し、方向づければよいのか、さすがのガンディーにも妙案はなく、思い悩んでいた。そのとき、指導者の脳裏に思いうかんだのが「塩」である。

暑いインドでは塩はどんなに貧しい人びとにとっても生きていくための必需品である。しかも塩はインドを囲む海岸線のどこからでも、奥地の山中からでも採取することができる。この母なる自然からの贈り物に外国政府が高い税金をかけるのは不条理である。ガンディーの鋭敏な直観は、無学な民衆のだれにも理解できる塩税の拒否に着目したのである。ここでは、植民地支配の仕組みがどうの、イギリス帝国主義の侵略の歴史がどうのと論じるまでもない。それは、国民のだれもがうなずくことのできる道理である。しかし、国民会議党の多くの指導者たちや、都市の知識層たちには、塩のようなありふれた物がどうして全国的な民族闘争の引き金になるのかが理解できなかった。彼らばかりではなく、インド中のだれもがガンディーの行動を固唾《かたず》を呑《の》んで見まもっていた。こうして、ガンディーの生涯でもっとも劇的《ドラマチック》で独創的な闘争が始まった。

一九三〇年三月十二日の未明、ガンディーは精選された七十八人のアーシュラムの同志や門人たちを率いて、サーバルマティー修道場からボンベイにほど近いダンディー海岸まで二四一マイルの徒歩行進を開始した。一行のなかには学者あり、ジャーナリストあり、職工あり、不可触民出身の農民も混ざっていた。年齢も六十一歳のガンディーから、十六歳の少年までさまざまであった。「長い杖を手に隊列の先頭を大股でしっかりとした足どりで、平和的な、不屈の表情で歩いてゆくマハートマの雄姿は、むしろ神々《こうごう》しくさえ見えた」と、行進を目のあたりにしたネルーは、その光景を回想している。

沿道には一目《ひと》マハートマを「ダルシャン(拝謁＝ヒンドゥー教徒は聖者の顔を拝むと、犯した罪が浄められると信じている)」しようと、毎日毎日、隊列の通過を群衆が待ち受けていた。一行《いっこう》が目的地に到着したときには、従う群衆は数千人の非暴力の集団にふくれあがっていたという。この間「ダンディー行進」のニュースはインド全土に(そして海外にも)伝わり、つぎに何が起こるのか、全国民が期待で胸を高鳴らせていた。「もしこのとき、ガンディーがアフマダーバード(アーシュラムの所在地)から汽車を利用して、翌日にダンディー海岸に到着していたなら、彼はグジャラート地方の人びとの心を燃えあがらせることすらできなかったろうし、全国民を激励する時間的ゆとりはなかったろう」と、ガンディーの非暴力の理想に批判的であった若き急進派の指導者チャンドラ・ボースは書いている。

行進は二十六日間つづき、ダンディー海岸に着いたガンディーは、ヒンドゥー教の儀礼に従って海水で沐浴をして身を浄め、祈りをささげ、海岸に散在する塩のかたまりを拾い集めた。このささいな行為は明らかに政府の製塩法への違反を意味していた。さらに言えば、イギリス帝国の法を全面否定する反逆行為であった。この簡単な所作を狼煙《のろし》に第二回非協力運動の幕が切って落とされたのである。ガンディーにつづいて、インド各地の海や山で、サッティヤーグラハの戦士たちや群衆が製塩法を破った。待ちかまえていた警官隊のラーティ(鉄を巻いた棍棒)の襲撃が始まった。そんなラーティの雨をかいくぐりながら、なお塩を拾いつづけていた抵抗運動者たちの壮絶なドキュメンタリー映画の場面《シーン》を見たとき、筆者は誇張ではなく、ある種の宗教的な崇高ささえ感じたことを思い出す。

しかしながら、大衆運動の常として、権力者の強大な弾圧——投獄、重税、農地や財産・家畜の没収などによって、民衆の士気に退潮の兆《きざ》しが見えはじめると、政府は待ってましたとばかりに、運動の最高指揮者であるガンディーを五月四日の深夜に逮捕、プーナ(現プネ)近郊のヤラヴァダー中央刑務所に収監した。

南アフリカ時代、ガンディーは刑務所を「国王陛下のホテル」などと皮肉ったことがあったが、インド帰国後に繰り返し投獄されたヤラヴァダー刑務所を、彼は「ヤラヴァダー・マンディル」と呼んでいた。「マンディル」というのは「寺院」の意である。ガンディーはこのマンディルの独房で朝な夕なに祈りをささげ、聖典『ギーター』を読誦《どくじゅ》し、瞑想し、糸車を廻わし、読書の時間《とき》をたのしんだ。

思えば十年前、第一回非協力運動に参加して入牢の憂き目をみた若きナショナリスト、ジャワーハルラール・ネルー（独立インドの初代首相となったネルーは、九回、延べ約九年間を牢獄につながれた）が、獄中生活の無為を嘆き、やりきれぬ焦燥感をけなげにもガンディーにぶつけたとき、ガンディーは愛弟子にこのように書いた――「なんぴとも獄窓にあっては、外界の出来事を正確に判断し、運動を指導することはできません。したがって獄中にあっては、外界のことはいっさい念頭から忘れ去り、もっぱらなにか（有意義な）大きな研究や手仕事するように」と。ネルーは生涯、師のこの助言を忠実にまもり、大著『父が子に語る世界歴史』（邦訳、全八巻、みすず書房）や『インドの発見』（邦訳、上下二巻、岩波書店）ほかを書きあげたのである。

ガンディーはこのたびの下獄を機に、サッティヤーグラハ闘争の拠点であるアーシュラムの同志や門人たちとともに、いまいちど立ち止まって、その信条と戒律について「一《ひと》通りざっと」（序文）考察し、アーシュラムの将来のあるべき姿を問いなおそうとした。

前述したとおり、彼は獄中では現実の政治問題を論じたり、直接運動にかかわることは自粛していた。したがって牢獄の時間は政治を動かす原理と哲学について沈思黙考する得がたいひとときであった。

こうして七月二十二日の早朝の祈りのあと、ガンディーはアーシュラムの門人たちに宛てて、まず「真理」について第一便を書いた。以後ほぼ毎週火曜日の朝に、定期的に戒律の一つ一つをテーマとした書簡を送りつづけた。もちろん、ガンディー自身はこれらの書簡を一冊の本にまとめるつもりはなかったが、アーシュラムの中心メンバーの一人で、グジャラート語の英語訳をつとめていたヴァルジー・ゴヴィンドジー・デサーイが十五通の書簡を編集し、出獄後に書かれた政治論文「スワデシー」を加え「ヤラヴァダー・マンディルから」と題して、ナヴァジーヴァン社から出版した(ちなみに、これら一連の書簡につづいて、十一月からは『ギーター講話』が始まった)。

修道場の戒律というと、通常、世間一般では「……すべし」「……すべからず」といった集団生活での掟《おきて》や規律、あるいは身体的・精神的な鍛練の規範などのように思われがちであるが、ガンディーはここでは戒律の一条一条をたんなる義務や綱紀というよりも、自らの、そして誓いをたてた同志や門人たちの精神《こころ》の拠りどころ、歩むべき目標と考えていた。「戒律」などというと、ある人はそれを謹厳で古風な道徳家の時代遅れのお説教として頭から拒否するかもしれない。しかし、一九三〇年にガンディーがアーシュラムの門人たちに送った一連の手紙のメッセージは、そのまま今日、貧困と格差、暴力と非暴力(戦争と平和)、自然破壊と環境問題、民族と宗教の対立など、二十一世紀のわれわれが直面している問題を考える重要なヒントを示唆している。一例をあげると、「不盗」の戒律である。他人の所有物に手をかけてはならない、盗んではならないというのは、古来いずれの宗教でも社会でも守るべき基本的な徳目の一つであり、ガンディーがいまさら彼の峻厳なアーシュラムの戒律の一項目としてことあらためて説くには、陳腐にすぎると思われるかもしれない。

　しかしガンディーの説く「不盗」の戒律は、たんに他人の持ち物を奪ってはならないというだけの社会通念的な道徳違反を戒めるだけのものではなかった。なぜなら、そもそも人間が地上で生存していくためには、衣食住すべてにおいて、なんらかの形で自然の恩恵を(言葉は悪いが)掠《かす》めとっているのである。さらに、ある人が生活するため以上に、広大な空間を所有しているとしたら、その人は生活のためにその土地を耕し、その日の糧《かて》を得なければならない他の人から、自然の恵みである土地を略奪していることになる。またある人が、食べきれないほどのご馳走をテーブルに並べ、食べ残すとき、その人は餓死寸前の多くの飢餓者の口から食物を横領しているのである。このように考えるとき、ガンディーの言う「不盗」(第五章)は、「無所有」(第六章)に通じる思想であり、さらに「嗜欲(味覚)の抑制」(第四章)とも軌を一《いつ》にする。

せんじつめれば、ガンディーのアーシュラムへのメッセージは、アヒンサーに発し、アヒンサーに帰一するといえるかもしれない。筆者は一九七四年にインドを再訪したとき、ワルダーのアーシュラムの早朝祈禱集会で聞いたサンスクリット語の誓願の荘厳な音韻の美しさを忘れることはできない(書簡は「真理」から説き起こされているが、そのとき唱えられた祈禱は「非暴力」で始まっていた――「アヒンサー(非暴力)・サッティヤー(真理)・アステヤー(不盗)・ブラフマチャリヤー(純潔)・アサムグラハー(無所有)……」と。なお、サンスクリット語の長母音の音引きは日本語のそれほど長くないため、「アステヤー」「ブラフマチャリヤー」などは本文中では「ー」を略したが、祈禱のさいの各語の語尾の韻律の繰り返しの美しさは、いまも耳底に残っている。

＊

インドがいよいよイギリス帝国の支配を離れ、「完全自治《プルナ・スワラージ》」を果たしたのは、「塩の行進」から十七年後の一九四七年である。この間、インド国民は植民地民族として第二次世界大戦への参戦を余儀なくされ、他方ガンディーに率いられた反戦論者たちは、三たび対英非協力運動を実践し、牢獄の門をくぐった。

しかしいま、ようやくにして達成した独立は、かならずしもガンディーが念願し、そのために生涯をささげ尽くした自由ではなかった。ガンディーが思い描いていた独立国インドは、人種・言語・宗教・文化・風俗を異にするそれぞれのインド人たちが共に手をたずさえ、平和に共存共栄する、いわば「世界の縮図」ともいうべき理想の国であった。それゆえ彼は、「インドを生体解剖するくらいなら、わたしの体を解剖してください」と言って、最後まで印パの分離独立案に反対した。しかし、ガンディーやインド国民会議党の提唱する「一民族論」を、ヒンドゥー支配《ラージ》の国家として排斥し、イスラーム教徒が多数派を占める西北地方(現パキスタン領)と東ベンガル地方(一九七一年にパキスタンから再分離してバングラデシュとなった)に「パキスタン(「清浄の国」の意)」を樹立しようとする「二民族論」が一九三〇年代後半からムスリム住民のあいだで急激にひろがった。

こうしてインド＝ムスリム連盟は、辣腕政治家ジンナーの指導のもとに、反ガンディー、反国民会議党を合言葉に結集し、パキスタン街道をまっしぐらに突進していった。

イギリスは第二次世界大戦で戦争には勝利したものの、軍事・経済力ともに国力は疲弊し、いまや反英・独立気運の高揚するインドを植民地として維持する威信も権力《ちから》も失いつつあった。もはやイギリス帝国がインドを手離すのは時間の問題であった。戦後、政権の座についた労働党政府の内部からもインドへの政権譲渡を論じる声が高まっていた。少数ながら、ガンディーの「塩の行進」をインド独立への第一歩と見る先見的な知的世論も影響力をもちはじめていた。

一九四七年八月十五日の深夜(パキスタンは前日)に、インドは独立を宣言した。その日、ニューデリーで開催された独立記念祝典では、インド独立の最高功労者のためにとくに設けられた中央の席が、ひとつ空席になっていた。そのときガンディーは、独立を前にベンガル、パンジャーブ、ビハール州、連合州などで連鎖的に拡大していた未曾有の宗教騒動を鎮静しようと、茨《いばら》やガラス、汚物のまかれた危険な径《みち》を素足《すあし》(懺悔の旅は素足でなければならない)で巡礼していた。そしてその夜もカルカッタのイスラーム教徒たちのスラム街で、両教徒に寛容と融和と赦《ゆる》しの教義(第十、十一章「寛容即宗教の平等」参照)を説いていたのである。

あるときガンディーは、ふと友人の一人に「わたしは一二五歳(ヒンドゥー教で俗にいう人間の生きられる最長寿の年限)まで生きなければならない」と漏らしたことがあった。これは、「独立の父」として国民の敬愛にかこまれて、平穏な余生を長くたのしみたいという意味でなかったことは言うまでもない。そのときガンディーは理由を口にしなかったらしいが、それは、彼が生涯にしのこした二つの仕事――すなわち、不可触民制の完全撤廃とヒンドゥー＝ムスリムの融和に余生をささげたい、いやささげなければならないとの決意を示すものであったと想像される。

ガンディーといえば、彼が生涯に繰り返した「断食」を連想する人が多いことだろう。「ガンディー年表」によると、彼は生涯に、南アフリカで二回とインドで十五回の、合わせて十七回の公的断食をおこなっているが、なかでも一九三三年に、イギリス政府が発表した不可触民に特別選挙区を与えるという法案に抗議しておこなわれた「死に至る断食」は有名である。ガンディーは政府の「不可触民への優遇」を、不可触民制を永久化する逆差別だとして反対し、通例のように日限を切らず、法案が撤回されるまでは死を延長線上において断食を続行すると宣言したのである。さらに生涯最後の断食は、独立後に発生した印パ両教徒の「民族移動」にともなう、両宗徒間の憎悪と報復、襲撃と殺戮への戒《いまし》めのための自己犠牲であった。この断食で両コミュニティーの指導者たちを和解させたガンディーは、ムスリムがインドに残こした資産として、パキスタン政府の要求する五億五千万ルピーを支払うよう、新生インド政府(ネルー首相)に要請した。

しかし、こうした生命《いのち》を賭した不可触民制への抗議や、他宗徒ムスリムへの寛容と譲歩は、かえって正統ヒンドゥー教徒たち、とりわけ誇り高い上層バラモンの一部からは、自宗への背信行為と非難され、ついにヒンドゥー教極右の国粋主義集団ヒンドゥー・マハーサバーの狂信的な党員に凶弾の引き金をひかせることになった。生涯あれほど暴力を否定し、テロ活動を戒めたガンディーが、自宗のテロリストの手で暗殺されなければならなかったというのは、あまりにも悲壮な運命の皮肉であった。銃弾を三発胸に受けたとき、ガンディーは「ヘー・ラーマ(おお、神よ)」という少年時代から唱えつづけてきた祈りのことばを唇にしながら、膝からくずれるように倒れていったと伝えられている。享年七十九歳であった。

末段ながら、本書の翻訳にさいしては、一九五〇年に『ガーンディー聖書』の表題(エルベール編、蒲穆訳)で岩波文庫より上梓された先訳書から多くを学ばせていただいた。

ここに謝辞を表したい。

また、このたびの新訳出版に多大のご協力をいただいた岩波書店学術書編集部編集長の馬場公彦、編集の実際を担当して、いろいろ貴重なご助言・示唆をたまわった岩波文庫編集長の入谷芳孝の両氏に、心からお礼を申し上げたい。

二〇一〇年二月

なお「解説」は、つぎの自著・訳書ならびに講演原稿をまとめたものである――

『ガンディー』(講談社「人類の知的遺産」一九八一年)

K・R・クリパラーニ『ガンディーの生涯』上下二巻(第三文明社「レグルス文庫」一九八三年)

『ガンディーとタゴール』(第三文明社「レグルス文庫」一九九五年)

ガンディー『わたしの非暴力』上下二巻(みすず書房「みすずライブラリー」二〇〇三年)

ガンディー『知足の精神』(森本編訳、人間と歴史社、二〇〇八年)

「いまガンディーを読む」(NHK放送大学、一九九八年)

「ガンディー人と思想」（ＮＨＫラジオライブラリー、二〇〇一年）
「ガンディー＝混迷の時代へのメッセージ」（東洋学術研究所、二〇〇五年）
「ガンディーを読みなおす」（ＮＨＫラジオ深夜便、二〇〇八年）
'How Gandhi Came to Me'(Gandhi Smriti & Darshan Samiti, New Delhi 2005)

ガンディー 獄中《ごくちゅう》からの手紙《てがみ》

2010年7月16日 第1刷発行
2024年4月26日 第11刷発行

訳 者 森本達雄《もりもとたつお》

発行者 坂本政謙

発行所 株式会社 岩波書店
〒101-8002 東京都千代田区一ツ橋2-5-5
案内 03-5210-4000 営業部 03-5210-4111
文庫編集部 03-5210-4051
https://www.iwanami.co.jp/

印刷・精興社 製本・牧製本

ISBN 978-4-00-332611-4 Printed in Japan

読書子に寄す

——岩波文庫発刊に際して——

岩波茂雄

真理は万人によって求められることを自ら欲し、芸術は万人によって愛されることを自ら望む。かつては民を愚昧ならしめるために学芸が最も狭き堂宇に閉鎖されたことがあった。今や知識と美とを特権階級の独占より奪い返すことはつねに進取的なる民衆の切実なる要求である。岩波文庫はこの要求に応じそれに励まされて生まれた。それは生命ある不朽の書を少数者の書斎と研究室とより解放して街頭にくまなく立たしめ民衆に伍せしめるであろう。近時大量生産予約出版の流行を見る。その広告宣伝の狂態はしばらくおくも、後代にのこすと誇称する全集がその編集に万全の用意をなしたるか。千古の典籍の翻訳企図に敬虔の態度を欠かざりしか。さらに分売を許さず読者を繋縛して数十冊を強うるがごとき、はたしてその揚言する学芸解放のゆえんなりや。吾人は天下の名士の声に和してこれを推挙するに躊躇するものである。このときにあたって、岩波書店は自己の責務のいよいよ重大なるを思い、従来の方針の徹底を期するため、すでに十数年以前より志して来た計画を慎重審議この際断然実行することにした。吾人は範をかのレクラム文庫にとり、古今東西にわたって文芸・哲学・社会科学・自然科学等種類のいかんを問わず、いやしくも万人の必読すべき真に古典的価値ある書をきわめて簡易なる形式において逐次刊行し、あらゆる人間に須要なる生活向上の資料、生活批判の原理を提供せんと欲する。この文庫は予約出版の方法を排したるがゆえに、読者は自己の欲する時に自己の欲する書物を各個に自由に選択することができる。携帯に便にして価格の低きを最主とするがゆえに、外観を顧みざるも内容に至っては厳選最も力を尽くし、従来の岩波出版物の特色をますます発揮せしめようとする。この計画たるや世間の一時の投機的なるものと異なり、永遠の事業として吾人は微力を傾倒し、あらゆる犠牲を忍んで今後永久に継続発展せしめ、もって文庫の使命を遺憾なく果たさしめることを期する。芸術を愛し知識を求むる士の自ら進んでこの挙に参加し、希望と忠言とを寄せられることは吾人の熱望するところである。その性質上経済的には最も困難多きこの事業にあえて当たらんとする吾人の志を諒として、その達成のため世の読書子とのうるわしき共同を期待する。

昭和二年七月